支配でも放任でもない学級担任術

JN222055

片山紀子 編著

明治図書

はじめに

毎年、３月になると、「担任が決まらない」という声を聞くことが増えました。

正規の教員が足りておらず、実質的に「担任がいない」ケースが出ています。育児休業制度を活用して時間短縮で働く先生も増え、「担任が持てない」教員も多くなりました。若い先生が突然休んだり、離職したりして学校からいなくなり、「急に担任がいない」という事例も出ています。ベテラン教員にも体の不調など体力的にしんどく、「担任を持ちたくない」「担任を持てない」方がいるようです。

教員の意識や働き方が多様化しているのと同時進行で、子どもの様子も以前とは異なってきました。教室への不安感が強い子どもが増えていることが、その特徴として一番に見て取れます。文部科学省が公表している不登校児童生徒数の推移を見ても、不登校の子どもの数は高止まり状態からさらに増加しています。静かに学校から遠ざかっていく子どもの発する声にならない声にも耳を傾けなければなりません。

ただ、根本にある深刻な問題として受け止めなければならないことは、一人の教員が一つの学級を1年間通して担任することに責任を感じ負担が重いこと、そのため子どもを強く「支配」して疲れてしまうこと、学習指導要領が求めている子どもの主体性を、それをそのまま学級でやろうとすると「放任」に近い状態になってしまい、それらが絡まって学級づくりが難しくなっていることです。

これまで通り学級づくりをしていても、教員は疲れ、子どもには受け入れてもらえなくなっていることが顕《あら》わになってきました。こうした「支配」か「放任」か、といった二項対立的な学級づくりをしていても、教員も、子どもも、双方ともに幸せを追求できるようには思えません。

教員にも子どもにも無理を強いる学級づくりではなく、安心かつ快適で、それぞれが成長できる学級づくりへと意識を変えていく必要があります。子どもと一緒に学級をつくるということです。これまでの学級づくりよりも、難度が高いことかもしれません。

「支配」「統率」はもう古い。「任せる」も、うまくいかない。それなら、どうする?

ポイントは、教師がしっかり準備し、子どもに問うて、子どもと一緒に考えながら学級をつくることです。教師が上から子どもたちを「支配」し「統率」するだけでは、子どもはついてきません。それどころか、子どもは声もあげずに学校から離脱していくでしょう。

一方、子どもを主体にしなければならないからと過度に考え、子どもたちに「任せる」だけでも、「放任」になってしまいます。教室は崩壊し、集団として成立しません。

学級づくりは、一足飛びにできるような簡単な仕事ではありません。年齢が同じとはいえ、もともと異質な子どもが一つの教室に集まっているわけですから、一人ひとり志向や特性に違いがあり、それぞれに異なった感情があるということです。それを無理やり教師の思う通りにし、導きたい方に連れていくことなど、しようとしてもできるものではありません。

今後教科担任制や学年担任制などさらにチーム化が進むようであれば、一人の判断だけではなく、教職員間の情報共有を密にしながら、慎重に教室をつくっていける教員集団の力が求められるようになるでしょう。チーム化すれば、いろいろなハプニングが生じることも予想されますから、教員集団にはそれを引き受ける覚悟も要ります。

同時に、教員が備えるべき基本的な教育技術を身につけておくことも改めて必要になってきています。教師が「話す」「自分を俯瞰する」などといったキホンの技をおろそかにして、子どもたちの前に立てば、そのうち学級だけでなく、学年全体、いや学校そのものも崩壊するでしょう。

本書第1章では、学級づくりについて読者のみなさんと一緒に考えてみたいことを提案してみました。第2章では、教室にいる多様な子どもたちを排除せずに包摂するにはどうしたらよいのかを考えるために水野が特別支援の観点から記しました。第3章では、若松が今の時代に適した学級づくりの基本をまとめています。続いて第4章では、片山が学級をファシリテートするための基本的な技について解説しました。そのあと、第5章では、坂本と西村が学級づくりの日々が目に浮かぶよう具体的な技をわかりやすく記しました。最後の第6章で、今後学級担任制など担任のチーム化が進むことを見据え、特別支援学校ではどのように教員同士が連携しているのかを水野が記しました。

願わくば、読者のみなさんの学級づくりに、本書のどの部分でもよいのでヒットしてほしい、その思いだけです。5人の執筆者であれこれ知恵を絞り、試行錯誤しながら仕上げました。ご活用いただければ幸いです。

2025年1月

片山　紀子

CONTENTS

第3章 支配でも放任でもない学級担任のマインドセット

第4章 これからの学級担任に必要なキホン技術

第5章 支配でも放任でもない学級担任術

第6章 これからの学級経営へ

第1章

これからの学級担任に求められること

「支配」は古い。「任せる」もうまくいかない。どうする？

・子どもを支配しても子どもはついてこない。
・子どもに任せてもうまくいかない。では、一体どうしたら……。

従来の学級づくりの手法が通用しない

最新の教育を学んで現場に出てくる新人教員の多くは、「子どもは自由にさせるべきだ。子どもの意思を尊重すべきだ」と考えて現場に出ます。ところが、管理職や同僚から「もっとビシッとやらないとだめじゃないか！」と、子どもを管理するよう言われるそうです。「あれ？　こんなはずじゃなかったのに……」と、頭で考えていたことと現実との間で戸惑っています。

一方ベテランも、頑張っているのになかなかうまくいかないと言います。「学級経営、自信あったんですけどね～。学校に来なくなる子どもが出てきてメゲます。何でも自由にさせた方がいいんでしょうか？」と、自信をなくすベテランは少なくありません。

あれこれ細かく管理され、自由度がなく、やりたいこともできないとなれば、子どもは息苦しくなって、そんな学校には行きたくないでしょう。反対に、何の方向性も示されず「自由にやって！」と言われれば、最初は気楽でよさそうですが、そのうち子どもが混乱し、教室のあちこちで衝突が生じてもおかしくありません。

学級経営は、「支配」的要素についても、「放任」的要素についても、そのどちらもが必要です。ただ、どちらに偏ってもうまくはいきません。

子どもを「支配」し、自縄自爆に

ダン・ローティ（佐藤２０２１）は、教師は閉ざされた教室の中に楽園を抱く傾向があることを指摘しています。子どもと一緒にいることに幸せを感じるのが教師です。

そのことは、**「しっかり学級を管理しなければならない」という支配の文化**につながる危険性を備えています。教室では、思い通りに従わない子どもがいると、教師がムスッとし、逆に子どもが気遣うなど、教師による小さな支配を随所に見ることができます。

さらには、**隣の教室と比べ、教員同士が競い合う文化**も顕著です。教師は、「○○先生の学級でよかった！」……そんな言葉を子どもや保護者からもらえることを期待しているのです。他の教室のことには口を出さない、閉じた空気感もあります。子どもを管理して支配するのは、教師のミッションであると捉え、支配の自縄自縛に陥ってもいます。もしかしたら、子どもを支配することが教師の快感になっているのかもしれません。

「主体的・対話的で深い学び」が出現すると、「放任」の呪縛に

そんな中、学習指導要領には**「主体的・対話的で深い学び」**が導入されました。「子どもを主体的にするためにはもっと子どもに任せろ」という声が強くなるにつれ、教師は単に教室にいるだけの大人になってしまい、これまた学級づくりが難しくなってきました。

最近の本のタイトルを眺めると、『教えない○○○○』『子ども主体の○○○○』といっ

たものが増え、教師は何もしてはいけないような雰囲気が充満しました。そうした著書の本意は脇にやられ、表層的な部分のみが伝わってしまい、**「何も指導しない」ことがよいことだと勘違いする先生**が出てきました。

どちらにも偏らない教師の心得・教師の技を問い直す

「支配」を脱したい。けれど任せすぎると「放任」になる。そう感じている先生は少なくないと思います。子どもを支配しても、反対に子どもに任せてもうまくいきません。どちらに偏っても、そのうちしんどくなります。

先述したダン・ローティは、教師の傾向性について**「既存の制度を承認する傾向が強く、変化を求める意欲は低い」**ことを指摘しています。自分のスタンスを転換することは、なかなか難しいかもしれませんが、「支配」と「放任」の間で迷い、戸惑っているのであれば、そのバランスも含めてこの機会に、心得と技を冷静に問い直してみてはいかがでしょうか。教師として視界が広がると信じています。

2

集団指導と個別支援を同時にやるって難しい

・個別支援に目を奪われていると、集団は崩壊する。
・個別指導と集団指導のどちらにもバランスよく目を向ける。

どちらかに目を奪われていると、子どもは教室から去っていく

学級づくりを考える上では、**集団指導と個別支援の一体化**は欠かせません。そこでは、おそらく「集団としての管理」を重視するのか、「個別支援に目を向けた自由」を重視するのか、指導をめぐり岐路に立たされることがあるでしょう（本書第2章・第3章）。

教室の中に、発達障害とは判定されていないけれども、他の子と明らかに行動が異なる

子どもがいて、トラブルが続出するようなことは、どの教室でも起きているでしょう。あるいは、家庭環境が不安定な子どもが問題行動を繰り返し、集団指導の際に苦労するということもあるでしょう。そんな時、当該の子にばかり目が行ってしまうと、教師がいくら日々一生懸命やっていたとしても、**他の子どもたちは、「僕のことも見てほしいのに……」「私とも遊んでほしいのに……」と、不満がつのります**（片山・若松２０２１）。担任が頑張れば頑張るほど、周りの子どもたちはやがてその子どもと関わらなくなり、集団の中に断絶が生じることもよくあることです。

教師に内心期待していても、そこに自分が必要ないと感覚的に察知した子どもは、学級集団から離脱していきます。もちろん、「この先生、もう無理だ」とか、「この教室、なんかしんどい」などといった声をあげることなどなく、ひっそりと去っていくのです。

「学級集団に目を向けると、個別支援がうまくいかない」。反対に、「個別支援をしようとすると、学級集団がざわつく」。頭では両方とも大事だし、両方のバランスをとらなくてはいけないことはわかっていても、実践するのはかなり難度が高いというのが多くの方の実感だと思います。**「集団指導ができて、個別支援ができるなんて神業レベル。自分にはとてもできない。無理だ！」**と考える方も少なくないでしょう。本当に難しい子どももいますから、口で言うよりも難しいことだと、筆者自身も悩んでいます。

集団指導と個別指導の両方ってどういうこと？

さて、個を見ながら全体を見るとは一体どういうことでしょうか。それは、**学級にいる30人の個々の子どもを見ながら、その30人がそれぞれどのように考えているのかを的確に見取り、同時に教室全体に漂う空気を俊敏に察知して、必要だと思われることを学級全体に即座に還元する**ということです。

学級づくりを行う教師には、個々の状態を的確に見極める力と、個の状態を集団に還元しながら集団を指導できる力、どちらの力も備えなくてはなりません。

個に支援の必要があることを感知すれば、他の子どもの力を借りたり、特別支援教育や児童相談所等の外部とつないだりもします。

集団に安心感があることが個別支援を可能にする

集団指導と個別指導のどちらが先かというような問題ではありませんが、いずれにしても集団の状態が整っていなければ、個を支えることはできません。そのためには、教師がキホン的な教育技術を身につける必要があります。**まずは学級に存在している集団が揺らがないための教育技術を備え、そこに個への支援を積み上げる**というイメージです。

集団指導と個別指導を同時に行う上では、授業構成をこれまでとは変えていく視点も大事です。中央教育審議会答申にある、**「協働的な学びと個別最適な学び」**を意識します。

奈須（2023）は、「全体の2割を目処に、子どもたちが個性や創意や協働性を存分に発揮して展開できる多様な学びの場を、カリキュラムの中に位置づけてほしい。それによって子どもたちの学びや暮らしへの構えはすっかり変貌する」と言っています。**「全体の2割」**というのが有益なヒントになるでしょう。

学習処理速度や興味を抱くところが個々人によって異なるわけですから、45分あるいは50分の中の一部（奈須に従えば2割程度）を個別最適な学びの時間とし、残りの時間は子どもがせっかく学校という場に来て教室の場で学んでいるわけですから、その価値を生かして子ども同士を関わらせ、互いに刺激を受け合う時間にするなど、授業構成を工夫し、「支配」と「任せる」のバランスをとってみましょう。

3

担任が決まらない

・自分のための学級づくりをしていると、やがて行き詰まる。
・隣の学級と競争して余計なエネルギーを使う必要はない。

担任を敬遠？

3月末になっても「担任が決まらない」という話を現場から聞くことが増えました。育児短時間勤務の教師が増え、担任を持てない人が多くなったというのです。保護者対応をするのは放課後が中心ですから、そのようなことになるわけです。担任を持ちたくないと固辞する先生もいます。そもそも担任を持てる教員数が足りていない学校もあります。

そうしたことから、**チームで学年全体をあるいは学校全体を見ざるを得ない状況**になってきました。従来のように、一つの学級に一人の先生が配置される固定担任制を維持し続けている学校であっても、それは同じです。例えば4月当初は担任が決まっていたとしても、途中で隣の学級がしんどくなって、突然休職することになり、他の学級まで見なくてはならなくなったということはよく起きています。

チーム担任制とは、**複数の先生で学級を担任するチーム学年制**のことを概ね指しています。学校の裁量に委ねられている範囲ではありますが、4人の先生で3クラスを担任して一つの学級に担任を固定化しない形や、4人の先生が3クラスをローテーションしていく形などです。

教科担任制を入れながら、学年をチームで担任するなど、**教科担任制とチーム担任制をミックスして教員の仕事を分担し、負担を軽減する**というのは中学校の形態に近いのかもしれませんが、そうした学校が小学校でも見られるようになってきました。

ちなみに筆者自身は、小学校でも、全ての学年で教科担任制を進めるべきだと考えています。教材研究を深めたり、専門性を発揮したりすることができるだけでなく、学級の子どもたちを強力に「支配」することから脱する手立てとしても有効だと考えるからです。

自分のための学級になるよう「支配」していないか？

固定化された担任制であっても、チーム担任制であっても、学級をつくることは容易なことではありません。その難しさの根底にある本質を掘り下げて考えてみると、**子どもを「支配」したいという教師の勝手なエゴ**かもしれません（本書第3章を参照）。

自分のための学級だという意識が強ければ、その子自身の幸せを考えたり、チームで子どもたちを見ていこうとしたりする気持ちにはなれません。「先生が担任でよかった」と言われたい気持ちもわかりますが、それよりも大事なのは、その先、その子どもが逞しく生きていけるかどうかです。その担任に依存し、その教師に執着していては、その子は成長などできません。

子どもは、そもそも思い通りになどなりません。思い通りにいくはずもない子どもたちを自分のためのものにしようとすると、うまくいかなければ子どもも担任も途中で折れてしまいます。教師の役割とは、それぞれの子どもの力を引き出していくところにあるわけですから、子どもを囲い込んで「支配」し、教員同士が競い合うのもおかしな話です。

これからは個人プレーではなく、チーム化が進む

今後は、教員の負担軽減の点からも、チームで子どもたちを見るように進んでいくことが予測されます。**個人プレーではなく、チームプレー**に移行するということです。

医療分野では、この点について、看護学部に勤務する松下（２０２２）が、学生時代に「多職種連携教育」を受けた者と受けていない者とを比較して、前者は後者より連携に対する認識が高いことを示しています。つまり、「多職種連携教育」を受けた新人は、入職前からチームプレーを意識しているということです。

当研究は、多職種での連携に関するものですが、学校にも転用できる示唆を含んでいます。**入職前から、リアルな「連携」を一定程度知っておくこと**は、今後の学級づくりの手がかりになりそうです。

教師のエゴから脱しようとすると、生徒指導事案の空白地帯（どの教員もタッチしない部分）が発生する可能性もあります。個人プレーではなくなった時、チームプレーをマネジメントする学年主任の役割はこれまで以上に重要になります。

4 学級開きは難しい

黄金の3日間って言うけど……

・短期間での強力な「統率」に重点を置いた学級集団づくりは、むしろ逆効果。
・子どもに任せてもダメ。「安心・安全を丁寧に築く4月」といったイメージで。

学校現場では、学級開きの最初の時期を「黄金の3日間」という金言で表現することがよくあります。「黄金の1週間」といった言い方もありますが、いずれにしても、最初に強力に学級の基礎をつくっておくと、学級が年間を通して崩壊しないと考え、特に重要とされている時期のことを言います。学級開きの時期に学級の規律形成を行うことや、指導方針を子どもに浸透させることが、非常に重視されています。

言い換えると、**短期間のうちに「支配」することや「統率」することが、教師には重視されている**のです。子どもたちに向けて教師の思いを滔々《とうとう》と告げ、子どもを自分の教育方針に感化することに躍起になっていることが窺えます。

多様な子が教室にいることが前提になった

コロナ禍後、不登校がますます増えています。そこから聞こえる子どもからのメッセージは、**「新しい学級、新しい先生だから学校に行ってみたけど、やっぱりムリだった」**というものではないでしょうか。

教室には、不安感が強い子どもは少なくありません。過度に期待されて、その期待に応えられず折れそうになっている子ども、保護者が不安定でしんどい子ども、ＳＮＳでの友人からの評価に怯え、家に帰っても友人関係から完全に放たれることはない子どもなど、本人には自覚がなくても、不安に苛まれている子どもが少なくないということです。

中には、障害が隠れており、一見するとわからない子どももいます。子どもによっては、本人が無理をして周囲に**「過剰適応」**（本田2018）している場合もあります。

他方、**2E**（twice-exceptional：二重に特別な）と言われる特異な才能を持った子どももいます。2Eとは、何らかの優れた才能と発達障害等の障碍《しょうがい》を併せ持つ子どものことです。例えば、数学や理科、芸術が得意で、読み書きの障碍を持つ場合などで、2Eの子は、才能を伸ばす面と障碍による困難を補う面の両方に、二重に特別な支援を要します（松村2021）。まさに、**教室は異質で多様な子どもで溢れている**のです。

従来型の固定の学級担任制であれ、チーム担任制であれ、学級が始まると同時に過度の注文が教師からなされれば、キャパオーバー（処理能力の限界を超えること）になって疲れてしまっても不思議ではありません。

今や子どもの多様性を認めるとともに、それらを排除するのではなく最大限包摂していく時代、まさにダイバーシティかつインクルージョン（D&I）を実現する時代です。これまでのような学級のつくり方では、拒否反応を示す子どもは今後も増えていくでしょう。

これからの学級開きのイメージ

４月に、ある小学校の教室を覗いてみました。指名された子どもが答えを言ったあとで、「みなさんいいですかー？」と全体に問い、他の子どもたちが「いいで～す」「違いま～す」などと一斉に答えます。そこでは、教師の求める解と合っているかどうかだけがポイントになっています。結局、教師の求める解が言える子しか発表しません。学級開きの時から、そのような教室をつくってきたことがわかります。誤答も許されず、多様な考えも反映されません。

学級開きの短期間での強力な「統率」に重点を置いた学級集団づくりは、むしろ逆効果です。「黄金の３日間」というよりは、むしろ**「安心・安全を丁寧に築く４月」**といったイメージを持ちましょう。

子どもたちが、異質で多様であることが表面化してきたわけですから、１００％統率して指導するというよりは、しっかり準備をした上で、60～80％を丁寧に指導し、余白を残すのがポイントです。子どもに問い、子どもに委ね、余白部分を子どもと一緒につくっていきます。準備を怠らずに、子どもの状態に応じて柔軟にバランスをとります。あくまでも**「支配しすぎず、任せすぎない」**ことが大事です。

5

そもそも教室という空間は危ない

・放任すると、子どもは友達を傷つけても気づかない。
・教室に大人である教師が存在することには意味がある。

いじめを招く「放任」

異質で多様な子どもで溢れた教室で、子どもを「支配」しても子どもはついてきません。「統率」や「管理」だけではついてこないのです。かといって、反対に子どもに「任せる」だけでもダメです。「任せる」ように見えて、実は「放任」している状況があちこちで見られます。「放任」すると、余計な衝突があちこちで起きてしまいますし、子どもの心理的安全性が保障できません。つまり、**いじめが起きてしまう**のです。子どもの命が守れないのです。

もちろん、「管理」してもその反発でいじめは起きますが、「放任」すれば自ずといじめが生じてしまいます。いじめ重大事態の調査報告書からは、「子どもはここまでするのか」というほど残忍な行為を、ターゲットになった子どもにしてしまうことが見て取れます。大人の甘い想定など、軽く超えてしまうのです。子どもはまだ人を傷つけることについて深く考えることができませんし、うまく振る舞うことも、自分をコントロールすることもできません。

いじめとは、人が疑似快感を味わいたくて行うものです。学級の中で自分が満たされずにいる子どもは、遊びの一環で、無意識に疑似快感を求めて、冷酷に人をいじめてしまいます（片山２０２４）。**教室は、そもそも危ない空間**なのです。

教室に教師がいる意味は？

教室に、教師は必須です。教師という大人が存在することの意味は、その大人が子どもの安心・安全を守る役割を担うためです。つまり**「管理」するため**です。まだ人権意識が十分に育っていない子どもにその役割を期待することはできません。ただし、物理的に大人が教室にいるだけで、**「放任」しておくだけなら教室には大人がいないのと同じ**です。

日頃から、一人ひとり違う子どもを丁寧に見取って対応する教師の姿が子どもに与える影響は想像以上に大きいです。子どもは教師を見抜いていますから。もしそこにいる大人が単数であれ、複数であれ、無力であれば、いじめのリスクは跳ね上がります。

子どもが心理的安全性を保てているか常に配慮しながら、急がずにそして丁寧に、安心安全な学級をつくっていくことが、学級づくりのキホンです。

多様な価値観と子どもの人権が前提

近年、「子どもの人権」をめぐっては動きが活発で、２０２２年6月には「こども基本法」も成立し、２０２３年には「こども家庭庁」も内閣府の外局として創設されました。学校だけでなく、世の中全体が「子どもの人権」を見据えた社会を目指す、新たな時代に突入しているのです。

具体的には、学校では体罰だけでなく、**不適切な指導**も禁じられています。不適切な指導とは、例えば、「死ね」「アホ」「帰れ」といった、聞くに耐えない言葉の暴力も含みます。こうした指導は、不適切な指導として、「地方公務員法」違反等を根拠に、行政処分が下されることもあります。

全方位かつボーダレスの承認が得られる指導を意識

暴言を聞いて当該の子どもがどう感じるかだけでなく、周りにいる子どもにも影響があることを考えなくてはなりません。子どもの人権を踏まえ、「全方位かつボーダレスの承認が求められる」（片山２０２４）指導をしなくてはならない時代になったということです。

例えば、学級という閉じた空間で子どもたちを叱責する時にも、**それを同僚に聞かれても、学校近隣の地域の方など直接学校に関係のない誰に聞かれても、あるいは、ＩＣレコーダーに録音されたとしても、誰もが納得でき、承認できるような指導**をすることが求められる時代になったということです。

6

これからの時代、改めて教師に「技」が必要とされる

・思いだけあっても、技がなければ生き残れない。
・教師は、子ども集団と対峙していることを意識する。

多様な子どもを前にして、「『支配』でもなく『放任』でもない」を実現するためには、**技が必要**です。集団が相手ですから。技も備えずに子どもの前に立つことなどあり得ません。それほど甘くはないのです。

技と言っても、難度の高い技ではなく、教師という仕事をするためのキホンの技です。昔からある技ではないかと思うかもしれませんが、以前はそれほど教師への要求もなく、仮に技がなくても問題視されませんでした。でも今は学校も開かれており、**改めて技を身につけなくてはならない時代**になりました。

集団を動かす技

まずは、集団を動かす技を磨く必要があります。ただ、体罰や怒鳴り声で子どもを「支配」するわけではありません。**集団に指示を出し、モタモタさせず子どもたちを気持ちよく動かす技**を備える必要があります。

集団を動かす技を一気に身につけるのは難しいですが、筆者の場合は、構成的グループエンカウンターを学ぶところから始めました。インストラクション、エクササイズ、シェアリングという三つの構成要素に基づき、集団を動かすトレーニングを積んだことで、一定の動きができるようになりました。

コーチングを学んだことも有効でした。一人ひとりを見ると同時に、集団指導の中で子どもを認める技術へと結びつけることができたからです。

今日の学校事情を考えると、集団を動かす技として、話し合い活動のやり方を学ぶのも有益でしょう。個別最適な学びと協働的な学びが一体化した授業を展開させるためには、話し合い活動を組み込むことが必須となっているからです。

話し合い活動は、多様な学び方や個人の価値観を認める場でもあり、教室づくりの基盤にもなります。話し合い活動を含め、集団をファシリテートするための技を備えておくと、教師にとっては強力な武器になります。

説明や指示などの話術

圧迫するような大きな声で話しても、聞こえないような声でだらだら話しても、多様な子どもたちの耳には入りません。そんな話術では、子どもはイライラしますし、教室に心地よいリズムが生まれません。学級がザワザワして学級崩壊のような状態になってしまいます。

基本的な話し方を学び、トレーニングを積んでおくと、刻々と状況が変わる教室の中で、即時的に反応しながら、最適な話し方をすることができます。聴きたくなるような話し方の技を身につければ、多様な子どもたちも含めて、自ずと話を聴くものです。**騒がしいのを子どものせいにするのではなく、まずは自分の話す技を磨きましょう**。教師として基本的な話術を備えておくと、「支配」にも「放任」にも偏りません。

自分がどう見えるかを俯瞰できる技

どの子ども大切にし、**どの子どもから見ても公平に扱ってもらっているように思ってもらえる技**です。このことは、どの子にも安心感をもたらします。例えば教室でトラブルがあれば、子どもたちがいるその場で指導を行うことになりますが、加害と思われる子も被害と思われる子も、どの子も大事にする姿勢が教師にあるのかを、当該児童だけでなく、周りの子もじっと見ています。

それは、**教師の発する声色や言葉、視線、そうした教師の言動の全て**から見えます。特に「ひいき」に見えるような教師の言動は、子どもたちは動物的嗅覚で敏感に感じ取っています。その姿勢に失望した子どもは、「この先生、私のことはどうでもいいと思っている」「もうこの先生信用できない。ダメだ」と、教師を見切ります。

ただし、教師が「本当に気にかけておかなくてはならない子ども」も教室にはいて、当然その子には気を配る必要があります。しかし、たとえそうであったとしても、他の子どもから不公平に見えてはいけません（片山２０２４）。**自分の姿が全体からどう見えている**

のかを意識しながら振る舞える力が、集団指導と個の指導の一体化を行うためには不可欠です。

「学級は一人ひとりの個が集まって30人。だから一人ひとりをしっかり見たら学級づくりはできる」と言う人もいます。間違っているわけではありませんが、学級づくりはそんなに甘くはありません。**個人を意識しながらも、常に集団を意識しておかなくてはならない**のです。

誰か特定の子どもがヒエラルキーの最上位にくるような学級にしていないか。つまり、一極集中型のリーダーシップをとっていないか。フォロワーシップがとれる子どもを認めているか。フォロワーシップを意識しながら学級をつくっているか。そんなことに気をつけながらも、自分がどう見えるかも常に意識して振る舞えるのがプロの教師です。

情報を共有する技

自分の学級のみにこだわることなく、チームで仕事を進めていく時代ですから、**他の教員と「ほうれんそう（報告・連絡・相談）」をサラリとできる技**も必要になります。もし

「ほうれんそう」ができなければ、責任は自分だけではなくチームのものになってしまい、事案が大きくなります。

同僚との関係もうまくいきません。「ほうれんそう」ができないと、これからの学校では働きにくくなります。学校でチーム化が進めば進むほど、「ほうれんそう」は、必須の技ということになります。

学級担任を敬遠する理由の一つに、**保護者対応**が難しくなったことがありますが、このベースには、「ほうれんそう」の欠如があると筆者は見ています。子ども間でトラブルが生じれば、子どもに代わって保護者同士のトラブルが起きることが増えています。それを調整しようと分け入った教員と保護者との間でもトラブルが起きます。教員による**「ほうれんそう」のまずさによって、子ども・教員・保護者の三位一体となったドロドロとした摩擦が日常的に生じている**のです。こうした三位一体のトラブルが、日常的に起きていることが近年の特徴です。

今後一層、チーム化が進みますから、その重要項目の一角を情報共有が占めることになると予測されます。こうしたキホン的な技を教師が備えていることが、「支配」でもなく「放任」でもない学級経営に向けて、改めて大事だと言えます。

【引用・参考文献】

・片山紀子・若松俊介（2019）『対話を生み出す授業ファシリテート入門』ジダイ社
・片山紀子・若松俊介編著（2021）『「うまくいかない」から考える—若手教師成長のヒント』ジダイ社
・片山紀子（2024）『五訂版　入門生徒指導』学事出版
・片山紀子編著（2024）『生徒指導の聴き取り方　場面設定から質問技法まで』学事出版
・片山紀子（2023）「多職種連携による生徒指導体制の構築—チーム学校の観点から」『京都教育大学紀要』141号、47—61頁
・片山紀子編著（2024）『ファシリテートのうまい先生が実は必ずやっている「問いかけ」の習慣』明治図書出版
・奈須正裕・伏木久始編著（2023）『「個別最適な学び」と「協働的な学び」の一体的な充実を目指して』北大路書房
・ダン・ローティ著／佐藤学監訳（2021）『スクールティーチャー—教職の社会学的考察』学文社、59頁
・中央教育審議会（2015）「チームとしての学校の在り方と今後の改善方策について（答申）」
・中央教育審議会（2021）「『令和の日本型学校教育』の構築を目指して—全ての子供たちの可能性を引き出す、個別最適な学びと、協働的な学びの実現（答申）」25頁
・本田秀夫（2018）『発達障害—生きづらさを抱える少数派の「種族」たち』SBクリエイティブ
・松下博宣（2022）『多職種連携を推進するコラボレーション大全』日総研出版、90—91頁
・松村暢隆（2021）『才能教育・2E教育概論—ギフテッドの発達多様性を活かす』東信堂
・文部科学省初等中等教育局児童生徒課（2024）「令和5年度　児童生徒の問題行動・不登校等生徒指導上の諸課題に関する調査結果について」

第2章

支配でも放任でもない学級担任へのヒント

―「多様性」に目を向ける

1

各学級に存在する特別支援の子どもたち

学級経営において特別支援をどのように行うか、現場の先生であればその難解さを実感していることでしょう。子どもの抱えている課題は多様ですから、支援の方法も多様で、万能の技術はありません。ただし、あえて一言で述べるとすれば、**学級のルールや規範によって、子どもの個性（あるいは人権）が否定されていないか**に注意することです。

ルールだけで統制すると、集団に合わない子どもが離脱していく

これまでの学級経営では、ルールによる子どもの統制が見られました。子どもが集団で過ごすためには、ルールは不可欠です。ルールは子どもを指導する際の根拠になりますし、保護者とのトラブルを事前に回避する共通認識としても有効です。しかし、今日の日本では、学校のルールに適応できない子どもの学校からの離脱が絶えません。特に、**学級のル**

ールが先生の支配のツールになっている時には注意が必要です。「ルールだから、決まりだから」が先行すると、ルールそのものが子どもの価値観となり、ルールに合わない子どもは、自分自身が社会から否定されていると感じるようになります。

例として、ペーパーテストへの記述による学習評価について考えると、文字を書くことが難しい子どもは学習の成果が認められません。授業内容を理解していても、それを文字で表現できないからです。そのような子は、外国にルーツのある子かもしれませんし、学習障害の子かもしれません。共通するのは、**本人に否がないのにもかかわらず、一定の基準によってその子の考えや学びが認められないこと**です。

学級という社会から否定された子どもは、成功体験が積み重ねられずに、「自分は勉強ができないダメな人間だ」と、学校の学びの中で自信を失ってしまっています。これでは「教育を通じて個人の能力を最大限に引き出し、社会に貢献できる健全な市民を育成する」という教育の目標が達成されていません。学級のルールは、その集団が安心して過ごすための決め事ですから、その時の学級のメンバーに応じて柔軟に設定されなければなりません。ルールが子どもの学びや人権を否定してしまっては本末転倒です。

「集団に適応できないから特別支援」は間違い

「特別支援が必要な子」と聞くと、先生方はどのような子どもを想像するでしょうか。集団の学習についていけない子、癇癪などの問題行動が目立つ子が思い出されるのではないでしょうか。確かに支援を要する子どもの姿ではありますが、以下の視点に注意する必要があります。一つ目は、前述のように**集団のルールに多様性が反映されているか**ということ、二つ目は、**無理に適応している子どもの存在があること**です。

多様性については、統計学の正規分布をもとに考えることができます（図1）。子どもの発達を、様々な領域の要素（横軸）の子どもが、どれだけの人数（縦軸）いるかを表したものです。人数が最も多い真ん中の集団を「定型発達」、人数の少ない両端の集団を「非定型発達」と表現します。

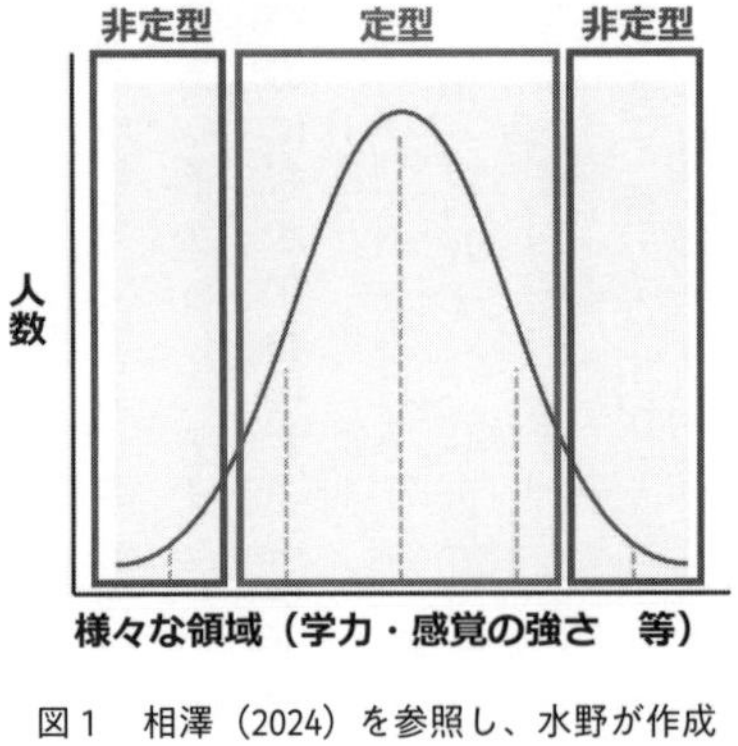

図1　相澤（2024）を参照し、水野が作成

例えば、学校の授業の難易度を考えた際、これまでは平均的な定型発達の子どもに基準を合わせて難易度を設定し、基準に合わない子に対して個別支援で対応してきました。しかし、個別支援の対象は左端の授業についていけない子どもが中心で、右端の子どもは授業内容を理解しているため、必要な支援が後回しにされてしまいます。2E児（26頁参照）のように、勉強ができても支援を必要とする子がいるのです。

特に右端のような子どもは、日々の授業に意義を感じられないまま、必要な支援も受けられない中で何とか学級に適応しようとします。この過剰適応は、精神疾患といった二次障害に発展し、そこで初めて、個別の支援が検討されるのです。しかしこの時、課題は既に複雑化しています。もともと必要だった支援に加えて、精神疾患や強度行動障害といった二次障害に対する治療も必要となっているのです。

今日の特別支援教育は「勉強がわからない子、問題がある子が受けるもの」という意識が子どもや保護者の中に生まれてしまい、**支援を受けること自体が「課題のある子」というレッテル**となってしまっています。個別支援を避けるケースさえ見受けられます。

学校のルールが多様性を反映したものになっているのか、特別支援が必要としている全ての子どもにいき渡っているか、それに気づくことができるのは担任の先生です。

特別支援の子どもたちを苦手とする教師

集団指導と個別支援の両立は、これまで幾度となく課題として挙げられ、学校現場の試行錯誤で取り組まれてきました。しかし、この課題の打破には未だたどり着いているとは言えません。学級担任の先生個人の力を頼りに、何とか耐えているという状況も見受けられます。このような中、現場の先生方の中には**「特別支援教育」に対する苦手意識**だけが積もっているのではないでしょうか。

支援を要する子どもへの苦手意識

特別支援教育は、現場のほとんどの先生にとって、子どもの時に体験したことのない、未知の領域であるのではないでしょうか。特別支援教育の歴史も浅いので、苦手意識を持つのも当然です。しかし、苦手意識をより高めているのは、担任教師に特別支援の成功体験が積み重ねられていないことです。原因は、**子どもの困りやその原因が目に見えないこと**です。例えば、落ち着いている時は自分の行動を振り返り反省しているのに、いざその時になると癇癪を起こして収拾がつかなくなります。反対に、その子に寄り添って話を聞いていると、いつの間にか問題行動がなくなっていることもあります。

課題が見えないことには、二つの問題があります。一つ目は、**課題の解決に向けての方法が見つからないこと**。二つ目は、問題が解決した際も、どんな課題に対してどんな取り組みが効果的だったのか、**実践が次の課題解決に向けての理論に結びつかないこと**です。

問題行動を子どもの困りとして捉える

特別支援の課題は、子ども自身も気づかない無意識の分野が影響しているため、困りの原因に気づくことが難しく、支援が成果に結びつくのにも時間がかかります。無意識をもとにする行動について、今日では脳や神経に関する研究からそのメカニズムが明らかになってきています。例えば、自律神経系の働きから行動を捉えたポリヴェーガル理論（ポージェス２０１８）では、子どもの問題行動を**自らの安全を守る防衛行動**だと述べています。

防衛行動として挙げられるのが**「攻撃／逃避」**の行動と、**「感覚のシャットダウン」**です。例えば、危機を感じている子どもは、相手を攻撃すること、その場から逃げることで安全を確保しようとします。しかし、虐待やレイプのように自身の力ではどうにも抵抗できない状態では、一時的に自身の感覚をシャットダウンすることでその場をやり過ごします。これを「解離」と言い、一時的な記憶障害も認められます。

重要なのは、**「子どもが安全を感じていないこと」**に対する行動であることです。「安心・安全」を感じる環境であれば、そのような行動をとる必要はありません。さらにポージェス（2018）は、人とのつながりの中で安全を感じる経験が積み重なっていると、子どもは危機に対峙した際も、人に助けを求める、説得しようとするといった「社会的なつながり」を通して危機に対峙すると述べています。個別の支援だけでなく、**人とのつながり**を必要としているのです。

「問題行動は、子どもが助けを求めているサインである」という視点は重要です。子どもの行動が気になった際は、その子が安心・安全を感じられているのか、一度立ち止まって考えてみましょう。その時求められるのが、特別支援の視点です。つまり、何らかの非定型な感覚によって、子どもが安心を得られていない可能性に気づくことです。

感覚が違うため、多数派の環境が合わない

学級集団の中で安心・安全を感じられるかどうかを考えた際、特別支援の必要な子どもは、定型の子どもと比べて不快感情を抱えやすい状態であると言えます。

その原因は、**感覚の違い**です。例えば、教室のざわざわした音や大勢の人の臭いが苦手、計画を立てることが苦手、不確定の曖昧な状態が苦手、友達の気持ちがわからない、などです。これは誰もが感じることではありますが、定型発達の人と非定型発達の人ではその程度が異なります。つまり、**感じる／感じないではなく、「どの程度感じるか」という違い**なのです。そのため「確かに自分も大勢の人がいるところは嫌だけど、ちょっと大げさではないか」と感じることもあるでしょう。本人にとっては何とも耐え難いことなのですが、目に見えない感覚を比べることはできません。

学級集団で生じる不快感情に対して子どもができる行動は限られています。何とか我慢し続けて過剰適応するか、自身を守るために相手を攻撃するか、逃避するかです。

人とのつながりで安心・安全を感じられるかは、愛着の経験

子ども一人ひとりの感覚の違いは、生まれながら持った特性かもしれませんし、生活の中で養われた感覚かもしれません。後者について、大河原（２０１５）は、子どもが人とのつながりの中で「安心・安全」を感じることは、親子の愛着を基本として獲得されるものだと述べています。

特に**①無意識に抱いた負の感情・身体感覚をありのままに表現する　②それが承認される　③安心・安全が得られる**、という三つの要素は重要だとされています。赤ん坊が身体の欲するままに泣いた際に、抱かれて、安心するといった経験が、人とのつながりの中で安心するための基礎となっているからです。

これらの経験が十分に積み重ねられていない子どもは、自分の不快感情と対峙することができません。例えば、自分の不快感情を適切に表現することができずに「死ね」「ぶっ殺すぞ」というシンプルな言葉で攻撃的な態度を示します。また、不安な気持ちを人との関わりではなく、薬物やゲームに依存することで何とか抑えている子どももいるでしょう。

あるいは親から求められる「理想の姿」が強すぎて、その姿にそぐわない自分の感情をシャットダウンしているかもしれません。そして、次第に素直な自分を出すことができず、解離状態に陥ってしまいます。自分の気持ちを抑えていることから、突然、癇癪、いじめ、といった問題行動に現れるのです。

学校現場で「家庭環境」という言葉が使われる際、このような愛着の課題の意識が省略されていることがあります。では、子どもの不快感情を受け入れることができない親が悪いのでしょうか。そうではありません。社会的な立場が弱いことで、親も生きるのが精一杯なのかもしれません。子どもの病気が原因で、その治療の制限を守ることに必死なのかもしれません。あるいは、十分な愛着が形成されなかった子が大人になり、我が子を通して、自身の不快感情と対峙しているのかもしれません。愛着の問題は世代間で連鎖しますから、親も必死に戦っているのです。

そのような負の連鎖を断ち切ることができる唯一のチャンスが、学校、特に公教育にあります。そう考えると、学級経営でもこれらの愛着の要素が必要となるでしょう。つまり、**学校や先生が子どもたちに一定の姿や行動を求めるのではなく、子どものありのままをできるだけそのまま受け入れること**で、子どもが安心できる環境にすることです。

3

では、担任はどうする？

安心・安全を実感できる学級は、子どもとの対話から

令和の時代に求められる学級経営は、**「全ての子どもたちが安心・安全を実感できる学級経営」**です。そのために学級のルールを「学級（学年）の子どもが安心して過ごすための決め事」として、子ども自身が考える必要があります。子どもは学校生活を通じて、学級のメンバーの価値観やバックグラウンドを実感し、自分自身の価値観にも気づくことができます。学級という小さな社会のルールを考えることは、将来の社会における多様性の実現につながっているのです。義務教育だからこそ可能で、必要な経験なのです。

留意するべき点は、**「全ての多様性に配慮すると、ルールはできるだけ少ない方がよい」**という点です。筆者（水野）がある学校の印刷室を訪問した時の話です。その学校の印刷

室の構造化が徹底されていることに感動しました。つまり、どこに何があるのか、機械操作の手順は視覚的に示され、初めて来た人でもわかりやすく示されていたのです。先方の先生にその感動を伝えたところ、「ごちゃごちゃしていて落ち着かないのよね、この印刷室。使いにくいわ」という言葉が返ってきました。

ある人にとって使いやすいことは、ある人にとっては使いにくいのです。全ての人のニーズを満たした環境が必ず見つかるとは限りません。答えがない場合もあるのです。だからこそ、学級ではルールをできるだけ減らし、子どもたち自身が過ごしやすい環境や配慮について自ら考える機会を大切にすることが重要です。

安心して自己開示でき、対話できる教室に

対話を通して、「統制」でもなく、「放任」でもない、学級のメンバーが最も居心地がよい状態を学級や場面に応じて探ります。対話には、**子どもが安心して自己開示できる環境**が不可欠です。

では、安心して自己開示できる学級経営とはどのような学級でしょうか。それには、米

澤（２０２３）が述べる愛着形成の三つの基地としての機能が参考になります。つまり、**①恐怖、不安、怒り、悲しみ等ネガティブな感情から守ってもらえる存在**（安全基地）、**②落ち着く、ほっとする、楽しくなる等ポジティブな感情を生じさせてくれる存在**（安心基地）、**③子どもの経験から生じたポジティブな感情を増やしてくれる、ネガティブな感情を減らしてくれる存在**（探索基地）です。このような学級では、肯定的な意見だけでなく、時に批判的な意見が見られます。しかし、意見によって誰かが傷つくことはありません。意見する方も聞く方もお互いが尊重し合って意見を交わします。

担任一人で抱え込まず、みんなで心地よい状態を探る

行動が気になる子がいた時は、できるだけ早く同僚に相談することが重要です。特別支援は、担任だけの力では決してなし得ません。まず、**同僚への相談を通して、様々な視点で子どもの課題を捉えるべき**です。担任の先生だけでは、先生と子どもの二者の関係でしか課題の原因を考えることができず、適切な分析に至りません。

次に、支援者を増やす必要があります。**チームで連携し、支援のための時間や支援者の**

手を増やしましょう。同僚への相談をきっかけに、多くの先生がその子を支援するきっかけが生まれます。さらに、相談した担任の先生自身が、同僚の先生から心理的なフォローや、支援に向けた負担軽減といった支援が期待できます。

もし子どもの行動に愛着や発達の課題を感じたのなら、専門家の見立てや助言が有効です。**教室の子どもを実際に観察してもらい、専門家の視点で課題を明確にしましょう**。

例えば、特別支援コーディネーターやスクールカウンセラーはそのような役割を担っています。また、特別支援学校は、地域の学校の特別支援に関する相談を受ける「センター的機能」の役割を担っています。特別支援に長けた教員が学校を訪問し、子どもの実態に応じた特別支援のコンサルテーションを行います。他にも、各都道府県の教育委員会が運営している「教育センター」も教育関係者への支援の役割を担っています。

特別支援の知識は担任の先生を助けます。ＡＳＤやＡＤＨＤといった診断がなされているということは、子どもの困りの原因や支援方法が一定程度明らかだということです。

ただし、最も重要なのは、**まずは担任の先生が子どもの困りに気づくこと**です。いくら連携しても、特別支援の鍵を握っているのは、子どもの最も近くにいる担任の先生だからです。担任の先生次第で、子どもの特性は障害にも、才能にもなり得るのです。子どもにどんな障害があるかではなく、どんな支援が適切かという視点で、子どもを見てください。これまでの先人の研鑽の末にあるのが、今日の教育理論や知識です。それらを活かしながら、子どもや同僚と協力し、みんなにとって心地よい地点を見つけられることを願います。

【引用・参考文献】

・井出正和（２０２２）『科学から理解する　自閉スペクトラム症の感覚世界』金子書房
・大河原美以（２０１５）『子どもの感情コントロールと心理臨床』日本評論社
・片山紀子・水野雄希（２０１７）「教員の自己開示は仕事を充実させるか　教員経験年数の違いに着目して」『京都教育大学紀要』１３１号
・相澤雅文他（２０２４）『教員になりたい学生のためのテキスト　特別支援教育』京都教育大学教育創生リージョナルセンター機構総合教育臨床センター（特別支援教育臨床実践拠点）
・本田秀夫（２０１８）『発達障害　生きづらさを抱える少数派の「種族」たち』ＳＢ新書
・松村暢隆（２０２１）『才能教育・２Ｅ教育概論』東信堂
・モナ・デフラーク『発達障害からニューロダイバーシティへ　ポリヴェーガル理論で解き明かす子どもの心と行動』春秋社
・米澤好史（２０２２）「愛着の視点からの発達支援―愛着障害支援の立場から―」『発達支援学研究』第2巻2号、59―69頁
・レイモンド・Ｇ・ミルテンバーガー『行動変容法入門』二瓶社

第3章

支配でも放任でもない学級担任のマインドセット

1

授業をうまくやるよりも学級づくりが先

授業がなかなかうまくいかない？

現在、学校現場では「主体的・対話的で深い学び」や「『個別最適な学び』と『協働的な学び』の充実」など、様々な教育用語が飛び交っています。多くの先生が、「子ども主体の学び」を実現したいと考え、次のような悩みを抱えているのではないでしょうか。

- どのようにすれば子ども主体の学びが実現できるのか
- これまでの授業スタイルをどのように変えていけばよいのか
- 子どもたちのよりよい学びを支えるためには何が必要なのか

最近よく耳にする「子どもたちの学びを支える」という視点は、特に新しいことではありません。ずっと大切にされるべきことです。「時代が変わったから」という話で、これまでの全てを否定することはありません。とはいえ、「従来の『一斉授業ありき』」というスタイルは見直す必要があるでしょう。**教師が「教える」ことだけに集中してしまうと、子どもたちが受け身になりがち**だからです。

先のような悩みを打破して、子どもたちがより主体的に学ぶ環境を整えるにはどうしたらよいでしょうか。「授業をうまくやる」という意味合いが、これまでとは少し変わってきており、そこにヒントがあるように思います。現代の授業において「うまくやる」とは、**子どもたち一人ひとりの学びが大切にされるとともに、その学びが次の学びにつながっていくこと**を意味します。子どもたちが自分自身の学び方を見つけ、自らを学び手として成長させる姿をどのように支えられるかが重要です。

教師は、「子どもたち一人ひとりが自分の世界を広げていく学び」を支えます。「教師が発問をして子どもが反応することで授業が進む」という従来の形からは進化し、常に「子ども主体の学びがどのように行われているのか」「それを実現するために私（教師）は何ができたのか」を問い続けることが大切になってきました。

「『個別最適な学び』と『協働的な学び』の充実」で示されている、「学習の個性化」という視点は、決して授業だけで成り立つものではありません。日々の学級生活の中で子どもたちが自分なりに試行錯誤したり、チャレンジしたりする機会がなければ、授業の場面でもこのような姿は現れません。

そのため、**これまでのように「授業」と「日常生活」を分離して考えていてはいけません。**丸ごと「学級経営」として考えて、子どもたちの成長を支える指導や支援を行うことが必要になります。**「授業」も大事ですが、「学級経営」はそれ以上に大切です。**

自律性と協働性を育て、子どもの可能性を引き出すことに徹する

「『令和の日本型学校教育』の構築を目指して」（中央教育審議会2021）の答申には、次のような内容が記されています。

このように急激に変化する時代の中で、我が国の学校教育には、一人一人の児童生徒が、自分のよさや可能性を認識するとともに、あらゆる他者を価値のある存在とし

て尊重し、多様な人々と協働しながら様々な社会的変化を乗り越え、豊かな人生を切り拓き、持続可能な社会の創り手となることができるよう、その資質・能力を育成することが求められている。

これは、ずっと変わらず大切にされるべき内容です。そのためには、以下の点を学級づくりの中で育てることが必要になります。

- 子どもたちの自律性（自分のことを律して行動する姿）
- 子どもたち同士の協働性（同じ目的に向かって力を合わせて物事に取り組む姿）

ここに焦点化していくと、学級集団を「支配する」、子どもを「支配する」という認識は、間違っていることに気づくようになります。教師は、**子どもたちの試行錯誤の過程を支援し、互いに学び合う環境を整える役割を担います**。こうした学級づくりの中で、子どもたち一人ひとりの個性がより磨かれ、その可能性を最大限に引き出すことができます。

2

学級開きは慎重に

教師のためではなく、子どもたちにとっての「学級開き」

学級づくりにおいて、まず何よりも「学級開き」が重要です。この点については、多くの先生が強調されてきたことでしょう。片山が24頁でも記した「黄金の3日間」という言葉の広まりによって、最初の3日間を意識している先生もいることでしょう。この理念や考え方は非常に重要です。最初の3日間を重視し、慎重に進めることは、学級づくりの土台を築くために欠かせません。

教師としてやる気があれば、学級開きで「大事にしたいこと」や「取り組みたいこと」がたくさんあるでしょう。ただ、あまりにも計画を細かくしすぎると、子どもたち一人ひとりをしっかりと見ることができなくなる可能性があります。「教師にとっての学級開き」

だけを意識しすぎるのはよくありません。教師が「自分の思い」だけを押しつけてしまうと、子どもたちはついていけなくなってしまいます。

ここで大切なのは、**「子どもたちにとっての学級開き」という視点**を忘れないようにすることです。子どもたちは、新しい学級に対して期待もあれば不安も抱いています。例えば、次のようなものです。


「今年はどんなクラスになるのかな？」

「楽しいクラスになるといいな！」

「どんな毎日になるのだろう？」

「友達ができるかな？」

「今度の教室には入れるかな？」


もちろん「どんな先生かな？」と期待を持つ子どももいますが、先生が考えているほど先生のことを考えているわけではありません。それよりも、**新たな環境に対する不安**を大きく感じています。

子どもたちにとってよりよい学級開き

したがって、「子どもたちにとっての学級開き」を考える際には、次の子ども視点で考えることが大切です。

- ・子どもたちにとって、どんな1日目にしようか
- ・子どもたちがどんなことをすればより過ごしやすいか

前年度の担任から引き継ぎをしているのであれば、なおさら子どもたち一人ひとりのことを想像しながら、子どもたちにとってよりよい学級開きを考えていく必要があるでしょう。「慎重に」というのは、教師が子どもたちを「どのようにコントロールするか」を考えるためのものではありません。**子どもたち一人ひとりにとって学校が意味あるものになるために、子どもたちとともにどのような過程を進んでいくか**という視点を持って考えていくということです。「前年度の終わり」と「今年度の始まり」をうまくつなぐような学

級開きを意識します。新たに「自分色に染める」ようなことを考えてはいけません。

学級開きの最初の数日間においては、「子どもたちと一緒に学級をつくる」ということを大切にします。例えば、次のように問いかけてみます。


「この学級でみんなが大事にしたいことは？」

「これからどんな毎日にしたい？」


子どもたち自身が学校（学級）について考え、これからの毎日を楽しみにできるような過程を通して、子ども主体の場が少しずつつくられていきます。子どもたちが自分たちで考え、自分たちの学級をつくり上げる機会をつくることで、学級全体に対する思いや責任感が芽生えるでしょう。

学級開きは単なる「始まり」ではありません。年間を通じて続く「子どもたちの成長を支える」ための第一歩です。この時期に築かれた信頼関係や学級の雰囲気は、その後の学習や生活に大きな影響を与えます。子どもたちにとって意味のある、充実した学級生活をつくるために、**常に子どもたちの視点に立って指導や支援を心がけていくこと**が大切です。

3

「支配する」「任せる」でない学級づくりとは

子ども主体の学級づくり

「支配する学級づくり」と聞くと、まるで教師が王様のように振る舞い、子どもたちを統制する様子を思い浮かべるかもしれません。もちろん、そのような支配的な学級づくりは好ましくありません。子どもたちは支配されるべき存在ではないからです。しかし、そこまで極端ではなくても、どこか支配的な側面が隠れている学級づくりが存在するのではないでしょうか。

気づいたら「子どもたちをうまくまとめ、思い通りに動かす」といった支配欲を持ってしまっていることはありませんか。**教師自身は支配しているつもりがなくても、子どもたちとの関わりのどこかに支配的な側面が現れる**ことがあります。

・子どもたちを叱って、言うことを聞かせる
・子どもたちを褒めて、よい行動をさせる
・子どもたちに詰問して、行動を追い込む

これらは全て過去の私が行ってきたことです。気づいたら子どもたちをコントロール（支配）している自分がいました。今もその全てを手放せているとは言えないかもしれません。「コントロール（支配）しようとしていないか」と絶えず自分に問いかけるようにしています。

最近では、「子ども主体の学級づくりや授業づくりが大切だ」と言われることが多いです。その中で、**「任せる」**ことがキーワードになっています。研修や教育書等で「任せることが大事だ」と学ばれた先生も多いでしょう。確かに、「任せる」ことは、悪いことではありません。「任せる」ことで、子どもたちは自分たちでできることを増やし、自身の成長につなげることができます。

しかし、**「子ども主体にするには、子どもたちに任せればよい」という考えに頼りすぎ**

るのは危険です。「任せればよい」「任せなければならない」という考えが先行しすぎると、「放任」につながることがあります。意図的でなくても、「任せる」ことが目的化してしまうと、子どもたちにとって必要な指導や支援が欠けてしまいます。

実際に、若手の先生や新しく教育の現場に立った先生の中には、「任せる」ことを重視しすぎて、教室の秩序が乱れてしまったという方もいるのではないでしょうか。若手に限らず、中堅、ベテランの先生の学級でも起こりうることです。そこで、「子どもたちに任せても、学級が荒れるだけだ」「子どもたちに任せても子どもたちは育たない」となった結果、「任せることはよくない」「やはり教師が引っ張らないといけない」と、再度「支配」に傾く方も出てくるでしょう。それは非常にもったいない話です。

教師は学級や子どもたちの支配者ではない

結局は、子どもたちが学級で「過ごす」「学び」「育つ」「生きる」ということについてじっくりと考えることが重要です。まずは、こうした**「子どもを主語とした言葉」について、自分なりに言語化すること**をお勧めします。そうすることで、教師としてやるべきことを見つけることができます。単に「支配する」「任せる」という言葉に振り回されることがなくなるでしょう。

実際、「任せる」も、「子どもたちに任せて終わり」ではなく、**「任せる（その過程や場面をつくる）ことで、子どもたちがどのように変化し成長するのか」**を見取ることが大切です。

その上で、「子どもたち（その子）に必要な指導とは何か」「大事なことをどのように伝えるべきか」と問い続けながら、その子や子どもたちにとってよりよい指導や支援を模索します。子どもたち一人ひとりを丁寧に見取り、理解しようとすることをこれまで以上に大切にしなければなりません。

教師は学級や子どもたちの支配者ではありません。子どもたちの成長を見守ったり支援したりする人です。子どもたちが自分自身の力で問題を解決する力を育むことができるよう、適切な時に手を差し伸べる役割（指導や支援、場づくり等）を果たします。

これからは、**「支配する」「任せる」のどちらでもない、「子どもたちが育つ」にとって、大事な教師の在り方**を見つけていくことが大切になるでしょう。

4

1年間の見通しを教師が持つ

教師の願いと見通し

みなさんが学級づくりで大切にしたいことはどのようなことでしょうか。

・子どもたちの笑顔を大切にしたい
・子どもたちがいろんなことにチャレンジできるようにする
・世界一楽しい学級

きっと様々な「願い」があるでしょう。各先生の「願い」はどれも価値のあることです。「学級づくりで○○を大切にしたい」と願うことから、学級づくりが始まります。

例えば、私であれば、「学級づくりで大切にしたいこと」は次の通りです。

・子ども（たち）が自分（たち）の幸せを自分（たち）でつくっていく力を育てる

「〇〇な学級」や「目指せ△△」のような、「学級」というまとまりで捉え、教師の「願い」を押しつけて考えるのではなく、学級づくりを通して、子どもたち一人ひとりの自律性と協働性を育てたいと考えています。

こうした力を育てることで、たとえうまくいかないことや楽しくないことがあったとしても「誰かのせい」にせず、自分（たち）でよりよい毎日や社会をつくっていける人になっていけると考えています。自分が担任している学級の時だけではなく、次の学年や大人になった時にもその力は生かされるでしょう。

子どもたち一人ひとりが集まって、「学級」という場が生まれます。だからこそ、「学級」というまとまりだけで教師の願いを考えるのではなく、**「学級づくりを通して、子どもたち一人ひとりのどのような育ちを支えていきたいか」**ということを考えられるようにしたいものです。

1年間の見通しを持つ

初任や若手の先生であれば、まず「1時間をどうにかする」ことで精一杯になっていることでしょう。「何とか1時間もたせたい」と「子どもたちにとって楽しい時間になればいいな」という思いの葛藤の中で、試行錯誤されていることだと思います。

そのうち**「1日」↓「1ヶ月」↓「1学期」**と、見通せることが増えていきます。さらには**「1年間」↓「6年間」↓「社会に出て」**まで見通せるようになると、教師としての「なすべきこと」も自覚できるようになります。

拙著『教師のいらない学級のつくり方』（2021）において、私は1年間の学級づくりの見通しを次のようなステップで示しました。

1
あらゆることを「自分事」にする

▼

2
「うまくいかない」を乗り越える

▼

3
子どもたち自身で成長する

三つのステップを通して学級づくりを考えることで、それぞれの時期において「大事にしなければならないこと」や「すべきこと」に注目することができます。いきなりゴールの姿を目指してもしんどいです。子どもたちに任せれば、ステップ3にたどり着くわけでもありません。子どもたちとともに毎日少しずつステップを歩んでいけるようにします。

このステップで何よりも大事なのは、ステップ1の**「あらゆることを『自分事』にする」**です。子どもたちがいろんなことを他人事にしたり、任せてしまったりしているのであれば、それら一つひとつを少しずつ「自分事」にするようにしていきます。その過程で子どもたちは少しずつ自分なりに考えたり、チャレンジしたりすることができるようになるでしょう。

みなさんも、ご自身の考える「学級づくりで大事にしたいこと」をもとに1年間を見通してみてください。1年間を三つのステップに分けることで、それぞれの時期に応じた「大事にしたいこと」や「すべきこと」が見えてくるでしょう。その際に、**「子ども自身が……」という視点**を意識することで、「子どもたちの過程」についても目を向けられるようになれば進歩です。「子どもたちの1年間」に注目しながら、学級づくりを考えます。

5

教員と子どもが「一緒に」学級をつくるとは

そもそも「学級」とは？

みなさんは、「学級」をどのような場として捉えていますか。ここでは**「学級をどのように捉えるか」**から考えることにしましょう。前提となる「学級」の捉え方によって、「一緒につくる」と言ってもその意味合いが変わってきます。

・チーム
・集団
・社会
・共同体

・群れ
・コミュニティ

どれか一つに定めることは難しいかもしれませんが、いずれにしても、次のように悩むのではないでしょうか。

・サッカーチームのように自分の意思で集まっていないので、『チーム』とは言えない
・『共同体』となると、同調圧力が見られて気持ち悪いかもしれない
・同じ年齢の人ばかりが集まっているので、『社会』とは言えないかもしれない
・子どもたち一人ひとりに目を向けるのであれば、ある意味『群れ』と言える部分もあるかもしれない

教師として悩みながらも、「学級とは、こういう場所ではないか」と自分なりに捉えていくようにします。それもせずして、「学級を一緒につくる」ということなど考えられないでしょう。

「支配」でも「放任」でもなく、子どもと一緒に学級をつくる

「子どもたちが過ごす場」としての学級をよりよいものにするためには、子どもたち自身が主体者となる必要があります。子どもたち自身が自分（たち）の意見を自由に表現し、それが尊重される環境を整えることが、学級づくりの鍵です。しかし、そこには「教師もともに過ごしている」ことを忘れてはいけません。

学級づくりを行う際に、「子ども主体」だからといって、何でも子どもたちの希望を優先すればよいのではありません。「教師としての願い」をしっかりと持っておくことは必須です。その上で、教師としての視点を生かして指導や支援を行います。教師だからこそできることや考えられることがたくさんあります。**教師自身も、自分の主体性を発揮すべきです。**

保育の世界では「共主体」という考え方がありますが、この考えは小学校（中学校以降も）教育にも当てはまります。

【共主体】とは端的に言えば、「子どもと大人の主体がバランスよく共存、融合している主体」のこと。さらに言えば、「互いに学び、ともに成長し合う主体」という意味です。（おおえだ２０２３）

小学校に上がったからといって、教師が全てを支配したり、逆に子どもに全てを任せてしまったりするのではなく、**教師もきちんと主体性を発揮しながら、子どもたちとともに進んでいくこと**が大切です。

教師と子どもたちがともに学び、過ごすことによって、教師も子どもたちからも多くのことを学べるはずです。例えば、子どもたちの柔軟な発想や純粋な思いに触れることで、新たな視点を得ることができます。そのような関係性を子どもたちとともにつくっていきたいものです。

教師が主体的に関わることで、子どもたちにとっても学びの幅が広がり、子どもたちの成長へつながります。「一緒に」「ともに」ということは、これからの学級づくりのキーワードです。この感覚をどのように身につけていくかが、教師にとっての課題です。「一緒に」「ともに」歩む道のりを大切にし、充実した学びの時間を過ごせるようにしましょう。

6

学年主任は学年をどう運営するか

学年主任の役割

学年主任になるということは、学年全体を見渡し、子どもたちの成長を総合的に支える重要な役割を担うことを意味します。研究主任や教務主任など、他の主任と比べて「実際のところ、何をすればいいのか」と迷う方がいるかもしれません。はっきりと「〇〇をすべき」というものが示されていないので当然です。

そこで、まずは「学級」という単位だけで子どもたちの過ごす環境を考えるのではなく、**「学年全体」での成長を支えていくことを意識する**ことから始めてみましょう。学年主任としての役割は、単に各学級の先生をまとめることだけではなく、学年全体の教育活動を見守り、よりよくするためのリーダーシップを発揮することにあります。

学年主任を任されるということは、その学年団の中で経験が豊富で、広い視野を持っていることが期待されているということです。だからこそ、常に次の視点で、学級を超え学年全体の教育環境をよりよくすることができるように考えます。

・学年の子どもたちにとって、どうなのか？

「学級」という狭い枠組みで物事を捉えるのではなく、**「『学年』で過ごせるようにすることで、子どもたちがより過ごしやすくなるのではないか？」と考えて、よりよい学年運営を目指していく**ようにします。

子どもたちが「学年」として過ごすことで、様々な先生に頼ることができ、多様な関わりを持つことができるようになることは非常に重要です。「学級」という閉ざされた空間で過ごすことは、子どもたちにとって負担が大きいです。他の先生と接点を持つ機会が少ないまま1年を過ごしてしまうのは、非常にもったいないことです。

「学年」という広い枠組みで、多くの大人が関わることができる環境を整えると、子どもたちにとっても過ごしやすくなりますから、各先生の得意なことや不得意なことを理解し、それぞれの特性や個性を最大限に生かすことが学年主任としての役割です。学年にはいろんな先生がいます。

・遊びを通じて子どもたちと関わることが得意な先生
・話を聞くのが得意な先生
・算数の授業が得意な先生

それぞれの先生のよさを生かして連携することができれば、担任一人で全てのことを担う必要はなくなります。学年のチーム化が進み、効果的に機能することで、教師たちにとっても働きやすい環境が生まれます。それが結果的に子どもたちにとってもよい環境をつくることにつながっていくでしょう。

チームで子どもたちの成長を支える

現在、まだ多くの学校では学年担任制が導入されていないかもしれません。しかし、現

在の仕組みの中でも「学年」という広い枠組みで子どもたちの学びやすさや育ちやすさ、過ごしやすさを追求することは可能です。

第6章で後述する特別支援学校での実践を参考にしながら、「チームで子どもたちの成長を支える」という視点を大切にしていきたいものです。特別支援学校では、多くの専門家が連携して子どもたちの支援を行っています。そのようなチームアプローチは、通常の学校教育においても、子どもたちの個性やニーズに応じた教育を実現するために重要な役割を果たすでしょう。

学年主任が広い視野を持って、その役割を果たす中で、子どもたちが安心して学び、成長できる環境をつくることが可能となります。それは子どもたちだけでなく、教師にとっても意義のある取り組みとなります。

これまでの「学級」の枠の捉えを更新させていくことは、教師としての自分を成長させることにつながるはずです。

7

担任はどう動くか

学級担任ってそもそも何？

改めて、「学級担任がすべきことは何なのか」「学級担任とはどのような存在なのか」という問いが生まれるでしょう。このような機会を通じて、自分の役割、担任の役割、さらには担任以外の役割を見つめ直すことはとても大事なことです。「自分ができること」を見直すことで、少しずつその範囲が広がっていきます。

学級担任が定められている場合、子どもたちにとって担任の存在は非常に大きいと言えます。子どもたちは、「自分の担任の先生は○○先生だ」という意識をしっかりと持っているでしょう。だからこそ、**何かあった時に最も頼りにされるのは担任の先生**なのです。改めて担任としての自分の役割や責任を忘れないようにすることが大切です。

現状では、多くの学校が学級担任制を採用しています。仮に、学年担任制やチームで学年全体を見ていくことになっても、子どもたちにとって、「担任が大きな存在である」ということに違いはありません。担任が大きな存在であることが否定されているわけではないのです。

チーム化が進んだとしても、子どもたちは、「先生たちはチームで見ていこうとしている」なんてことは全く知りません。ですから、「子どもたちにとって、担任の先生が重要な存在である」ことを忘れないようにしたいものです。

ただその上で、子どもたちがこれまで担任に求めてきたことの全てを担任（自分）が引き受けるのではなく、うまく他の先生につなげていくことが必要になるでしょう。**担任がマネジメントしながら、様々な先生に子どもたちをつなげていき、「学年としてできることを増やす」**ことで、子どもたちにとってよりよい環境をつくることができるようになります。

「自分のエゴ」から脱する

・担任として、自分が学級の子どもたちをしっかり見たい
・他の先生にあまり関わってほしくない
・自分一人で学級づくりをした方がやりやすい

こんな思いを持つ先生がいることもわかります。実際、私も過去にそのように思ったことがあります。今でも「全てを学年として進めていけているか」と問われれば、「できていない」と言わざるを得ません。学年で取り組むことの難しさを感じることも多々あります。

ただし一旦、**こうした思いや考えがどこから来ているのか**を考えてみることで、自分の課題が見つかるかもしれません。

・自分が中心となって子どもたちを見ていきたい

もし自分のエゴがあるとしたら、勇気を持ってそれを捨て去る必要があります。子どもたちにとって、担任がその全てを担うことがよいとは限りません。

担任としてプライドを持ち、しっかりと思いを持つことは大事ですが、「本当に子どもたちにとって何がよいか」を考えた時、捨て去らなければならないこともあるでしょう。

子どもたちを「支配する」「放任する」についても同様です。教師としてのエゴが強すぎると、そのどちらかに偏りすぎてしまいます。**そのエゴを捨て去ることで、「余白を子どもに委ね、子どもと一緒につくっていく」ことが可能になります。**

「学校で子どもたちをどう育てていくか」「学級と学年の在り方をどのようにしていくか」は、本書を読んでいる先生、それぞれの環境によって異なります。だからこそ、

・子どもたちにとってよりよい環境とは何か
・子どもたちが育つ環境をつくるために、学級、学年をどのようにしていけばよいか

・担任として、自分ができることは何か

それぞれの先生が問い続け、考え続けることが大切です。本書で述べている子ども主体の学級づくりやチーム化が、みなさんの選択肢の一つとなれば、よりできることが増えていくと考えます。こうした問いを大事にしながら、このあとに続く実践例をお読みいただければと思います。

【参考・引用文献】

・中央教育審議会（2021）『「令和の日本型学校教育」の構築を目指して～全ての子供たちの可能性を引き出す、個別最適な学びと、協働的な学びの実現～』
・若松俊介（2020）『教師のいらない授業のつくり方』明治図書出版
・大豆生田啓友監修／おおえだけいこ著（2023）『日本の保育アップデート！　子どもが中心の「共主体」の保育へ』小学館

第4章

これからの学級担任に必要なキホン技術

1

「話し方」の技術

・どの子にも伝わるよう、端的かつ無駄のない話し方をしよう。
・多様な子どもに向けて、見通しや期待感の持てる話し方をしよう。

教師の話し方は、学級づくりに直結する

口で言うほど簡単ではないのが、教室でファシリテートする教師の話し方です。話し方は、学級担任術のキホンとして疎《おろそ》かにできない技です。読者のみなさんも、**教師の話し方によって、その教室空間の雰囲気が大きく違う**のを感じたことがあるのではないでしょうか。教師の話し方は、全ての子どものやる気に直結します。

話し方に何の配慮も工夫もない教室で、ただ黙って座って聞いているだけの時間が、どれほど苦痛であるか、考えてみたことがあるでしょうか。不明瞭でよくわからず、ダラダラ話をされたのでは、せっかく学校に来たのに、学習しようとする気持ちが萎えてしまっても仕方ありません（片山２０２４）。話し方がまずいと、子どもがイライラし、動かないのです。

特に影響を受けるのは、理解が難しい子どもや特性を持った子どもたちです。チーム担任制などで複数の教師で指導をしているとすれば、子どもに伝えている内容も教師間で一定程度揃っていなければ、子どもたちは混乱します。

こうした教育技術が、最近、現場では伝授されていません。伝授できる人も少ないようで、指摘する人もいないため気づかないという、**力量低下の負のスパイラル**に陥っています。気になって、教え子の新人教師数名に聞いたところ、「具体的に指導できる人が少ないなあという印象です。自分は今の現場に入職してから、話し方について先輩から指導を受けた記憶がありません。指導していただきたいと思うのですが……」と答えてくれました。**現場では、話し方の技に言及して指導し合うことはあまりない**ようです。

「放任」にならないよう先の見通しを示す

個別最適な学びが導入され、教室の中に複数の学習形態が同時進行で展開していくことが増えています。教師の話が適切になされなければ、その先、子どもが見通しを持ち、期待を持って学びに向かうことはありません。単に子どもに任せるだけでは、「放任」と同じです。どうせやるなら、学習意欲の低い子どもも、「早く一緒にやってみたい！」と、自ら動き出す主体的な教室にしたいものです。

教室には、通常30人前後の子どもが集団として存在しています。その集団を一斉に動かしていくには、まずは集団を相手にした話し方、**集団全体を学びに巻き込み、同時にあたかも30人の子ども一人ひとりに話しかけているかのような話術**が必要です。理解が難しい子にも伝わるような穏やかな話し方は、教師にとってキホンの技です。

教師の話を聞いて、子どもが何をするのか見通しを持てることが、個の学びであれ、集団の学びであれ、彼らの学びを支えます。学級崩壊や授業妨害を子どもの責任にするのではなく、自分の話し方を見直しましょう。

「放任」しないためにも時間管理する

多様な子どもがいることが前提ですから、子どもの集中力を考えると、教室に漂う心地よいリズムは大事です。やや管理的要素が強くなりますが、教室のリズムは時間管理と密接にリンクします。しかし、教師はよほど意識しないと話が長く、時間管理にややルーズです。支配でも放任でもない学級を実現するには、最小限の話にとどめる必要があります。

落ち着きのない子も含めて、**多くの子どもが集中できる30秒、あるいは1分で話ができるように、秒単位、分単位の時間を意識して話しましょう。**話し手のプロ、アナウンサーも日々トレーニングしています。定期的に授業を録画して、話し方の技を磨きましょう。

1分で話せる説明は次のようなもので、文字にすると300~330文字（ひらがなでカウント）です。原稿用紙1枚よりも少ない量です。

（例）新人のみなさんは、学校生活にも慣れてきたようですね。日々どんなことに気をつけて学級をつくっていますか？　学校の先生はよきにつけ悪しきにつけ、これまでの慣習の再生産をしてしまうところがあります。先輩教員がしていることであれば、そうしなければならないと思い込んでしまうということですね。でも、先輩教員がやっていることって、もしかしたら既に時代にマッチしていないかもしれません。それでも先輩がしているのだからと真似てしまうのは危険です。もちろん先輩の真似をした方がよいこともたくさんあります。周りと話をしたり、自分で勉強したり、そんなことを繰り返しながら、今の時代に最適なやり方を見つけられるとよいですね。

「支配」に偏らないよう穏やかに話す

まず、目線は上げます。そんなことは当たり前だと思われるかもしれません。でも教室を覗くと、教科書や黒板ばかり見て話をしている方が少なくありません。**全体を見渡して視線を送り、その上で一人ひとりの目を見ながら、視線をとめて話す**ようにします。話すスピードは子どもの状態にもよりますが、今の子どもたちはテンポの速い話し方の方が聞きやすいかもしれません。

顔の表情はやわらかくがキホンです。顔はタダで使える道具ですから、うまく活用しましょう。穏やかな教師の顔は、子どもに落ち着きをもたらします。もちろん、厳しく注意をする時には、それが伝わる程度に怒った顔をしても構いませんが、日によって教師の表情に大きな波があるのは決してよいことではありません。特に、家庭がしんどい子どもは、大人の顔色を敏感に感じ取ることを身につけています。教室に入る前に心を落ち着かせて、顔も整えましょう。

手は組んだりせずに、開いた手がキホンです。教室で先生が説明している姿を見ることがありますが、「手はもっと使えるのになぁ」と思うことが多いです。視覚的に示せますので、理解するのに時間がかかる子には、（やりすぎでなければ）助けになります。

のびのびと教室をファシリテートしている先生の教室を覗くと、先生の朗らかで穏やかな笑い声が聞こえてきます。子どもを承認する柔らかい笑い声です（片山・若松２０１９）。そうした穏やかな笑い声が聞こえる教室とそうではない教室とでは、不安を抱える子どもの安心感が大きく違ってきます。

まずは落ち着いた穏やかな話し方をすることが、「支配」でもない、「放任」でもない学級づくりのキホンと言えます。

「説明」の技術

- 子どもの集中力は長くないので、通常の説明は、1分〜3分でいったん切ろう。
- 「、」でダラダラつなぐと、話がわからなくなるので、「。」で区切って話そう。
- 文末は言い切ろう。
- 「えーと」や「はい」のような非単語は極力削り、厳選して話そう。
- 説明する分量が多いなら、いくつかのパートに分けて説明しよう。
- 子どもが頭の中で映像化できるように説明しよう。
- 説明を子どもが理解したかどうか確認したければ、子どもに問おう。

伝えたつもり（支配）が、意外と子どもに伝わってない

説明とは、**事柄をどの子にもよくわかるように伝えること**です。自分ではよくわかるように話したはずなのに、伝わっていないということはありませんか。

日常生活の中でも、自分が述べたことを相手は違うように理解していたということはよくあります。自分の頭の中と聴いている相手の頭の中が違うからです。説明は工夫を要する教育技術と言えます。

教師であれば誰しも、簡潔にわかりやすく説明しようとしているはずです。にもかかわらず、説明したことにさらに説明を加え、そのあと補足するなどして、かなり長い説明になっていることがあります。

何のことだったか途中でわからなくなる説明は、子どもに混乱を招き、やる気も失わせるのでアウトです。最初に説明する際にどこまで説明するかは、その時の目的と子どもの状態によって異なります。

説明のしすぎは子どもの興味を削ぐので、あとで補足した方が有効な場合もあります。

①短文で話す

多様な子どもが目の前にいるということが前提ですから、説明する時は、**「。」で区切って短い文で話し、文末は言い切る**方がよいでしょう。「それから」などの接続詞もできるだけ削除します。「、」や接続詞でダラダラつなぐと、どんな子どもであれ、話がどんどんわからなくなります。

「えーと」や「はい」など、非単語が多い話し方はとても聞きにくいです。不要な言葉をできるだけ削り、厳選して話す方が子どもに負担をかけません。

②子どもの頭の中で映像化できるように話す

話が伝わるようにするには、子どもが頭の中で映像化できるように話すことが重要です。子どもの頭の中でビジュアル化できるような説明だとよいです。

T　来週の火曜日は京都中央郵便局に見学に行きます。市内でも一番大きな郵便局ですね。どこにあるかというと、京都駅から歩いて1分のところです。(時計を見ながら) あの秒針が1周する間に着くので駅からはとっても近い場所にありますね。

ビルに大きな白い文字で「京都中央郵便局」と書いてあるので、すぐにわかります。

③視覚を活用して説明する

どの子にもわかるようにするには、実物を見せるのもよいですし、映像も、あるいは教師の体全体のジェスチュア混じりの説明も有効です。「キホンは言葉で勝負」ですが、いろいろ視覚を駆使して、どの子にも伝わるように工夫することが大事です。

意図していなくても「支配」しすぎると、子どもが情報過多になる

教室を覗くと、説明が長く、教師の「支配」感が強いと感じることがよくあります。特に情報量が多すぎる場面にたびたび出合います。

教師に悪気はありませんし、伝えたいことがいっぱいあることもよく理解できますが、教師の思い通りに進めたいということが痛いほど伝わってくる説明で、圧力が強いです。

子どもに伝える分量が多い時は、**冷静にいくつかのパートに分けて伝えましょう**。筆者

自身、瞬時に人の話を理解できるタイプではありません。特に、情報機器等の扱いが苦手ということもあって、機器関連の説明の際に、たくさんの内容を続けて話されると、頭がパンパンになったような感覚に陥り、どっと疲れます。情報過多による脳の疲労です。

子どもも、この点は同じだと思います。学校の授業は連続して行われますから、情報過多が続けば、間違いなく子どもは疲れます。一度に伝える量は調節しましょう。

子どもが説明した内容を理解したかどうかを確認したければ、子どもに問えばよいです。ペアで確認させるのもよいでしょう。ただし、子どもへの確認が頻繁になればなるほど、子どもたちの学習意欲を削ぎますので、確認は適度に抑えましょう。

内からの言葉でなければ、「支配でも放任でもない」から遠のく

学校のルールなどの説明は、説明といえども、子どもが納得しないといけません。説明とはいえ、**その教師の人間力が問われる説明**になります。

【合理的理由で説明できる場面】

T　授業中は、できる限り鉛筆を削らないようにしよう。みんなが勉強に集中できないのでね。

【道徳的理由が必要な場面】

T　友達をいじめてはいけないですね。人を傷つけるのはよくないし、悲しいことですね。周りの人を大事にできない人は、自分も幸せになれないと先生は思いますから。

言ってしまえば**道徳的理由が必要な場合の説明は、教師が信頼されていればどんな説明でもよい**のです。こうした時の教師の説明こそ、支配でも放任でもない学級に近づくチャンスですので、教師の内からの言葉で子どもに説明しましょう。

3

「指示」の技術

・「早くやってみたい！」とワクワクする指示を目指そう。
・これから何をするか大枠を示したあとで、具体的な指示をしよう。
・「左手を広げて同じくらいの大きさのマルを描こう」と、視覚的にわかるよう指示しよう。
・子ども一人ひとりの動きを見取ってから次の指示を出そう。
・指示したことを理解しているかどうかは、子どもに問うだけでなく、実演させてみるとわかる。
・指示されたことが終わったら何をするか初めに伝えよう。

スッとどの子の頭にも入る指示にする

指示をする時は、やらされ感のある指示よりも、**「早くやってみたい！」とワクワクする指示**にするとよいです。

Ｔ　これから折り紙をします。グループでどんな遊び方ができるか頭をフル回転させましょう。
・折り紙の折り方がこのプリントに書いてあるので、まず自分で読みます。
・そのあと、グループで相談しながら、自分のものを完成させてください。
・自分のができたら、グループのみんながができたかも確認してください。
・グループのみんなが完成したらどんな遊び方ができるか考えましょう。さあ、どんな遊びができるでしょうか？

話の大枠を先に示すと、聴く側の子どもにとって話の内容がつかみやすいです。新聞と同じように、結論が先だと子どもの頭にスッと入ります。

T　今日は、体育館で跳び箱の練習をすることになっていましたね。着替えたら、廊下に2列で並びましょう。揃ったら、口を閉じて移動します。着いたら、グループごとに座って静かに待ちます。

（静かに座っている姿を確認したら）

T　静かに、そして上手に移動できましたね。さすがだなあ。

（艶のある声と満面の笑顔で子どもの行動を認め）

T　では、怪我をしないように準備運動をしてから、飛び箱を準備室から出しましょう。

子どもに、しなければならない行動がスッと頭に入り、スムーズに気持ちよく、次の行動に移ることができます。仮に全員に理解できなくても、7割、8割の子に伝わっていればよい場合もあります。余白を残し、理解した子たちがそれ以外の子に上手に伝えるというのも、子どもに任せることができるので、場合によっては有効です。

「支配でも放任でもない」を目指すためには、**準備を怠らず、場面に応じて60～80％はしっかり指示し、あとは子どもを信頼して任せるというイメージ**を持つとよいです。

作業が終わったらどうするかの指示も重要です。教室の場合、「本を読んで待ちましょう」など何をするか初めに伝えておくと見通しが立ちます。

一気に指示すると「支配」に傾く

初めから終わりまで一気に指示するか、スモールステップで指示するか。前者の方が見通しを示せる点ではよいのですが、それは教室にいる子どもたちの状態によります。一気に指示すると、やや「支配」的要素の強い指示に傾きます。分けすぎてもダラダラします。学力の高低だけでなく、多様な子どもがいますから。**どんな指示ならサッと動いているか、どんな時は混乱しているか、子どもの様子をじっくり見ます。**その反応を観察するようにすれば、どう指示したらよいかは、実は子どもたちが教えてくれます。

教師の指示がうまいと、子どもは自分に何が求められているのかがわかります。こうした一連のリズムのよさが、気づかないところで心地よく学習に誘い、子どもたちの動きをスムーズにします。

子どもの処理時間にはかなりの差がある

指示をしたからと言って、それを遂行するには、それぞれの子どもによって時間に差が出てきます。指示がなかなか理解しにくくてじっと待っている子、サッと瞬間で理解して作業に移れる子、友達が何をしているのか見極めてから動く子、処理するのに差があることは当然のことです。指示する時に初めから頭に入れておきましょう。

この時注意すべきなのは、**自分を基準にしないこと**です。教師は自分を基準にして、自分だったら……と考えてしまいがちです。これを対比効果（contrast effect）と言います。自分の属性や能力を基準として他者を判断・評価してしまうことです（片山２０２４）。

教師自身はいろんなことがサクサクできるかもしれませんが、作業が遅い子どもは、怠惰だからできないのではなく、そもそも子どもが備えているものによります。ですから、**教師がその子どもに対して自分を基準として指導・評価してしまうことは誤り**です。

教室はまさにダイバーシティで、小学校においては発達障害の可能性のある子どもが

7.7%、特異な才能のある子どもが2.3%（奈須２０２３）存在していると言いますから、教師は安易に自分を基準にしてはいけないのです。

「支配」でもなく「放任」でもないためには、子どもに実演させる

曖昧な指示をすれば、教室がざわつきます。注意すべき点は、**教師が口で指示したことを耳だけで理解できる子は、教室にいる子どものうち、それほど多くはない**ということです。

指示を一定程度徹底させたいのであれば、何人かの子どもにみんなの前で実演させて、やりながら指示するのも有効です。理解の難しい子も、目の前でやってもらえば、指示されたことを理解できます。

実演させると、教師が指示したことと子どもが理解したこととの間に齟齬があることがわかる場合もあります。教師と子どもの双方が、それぞれに違うことを思い浮かべながら話を先に進めているからです。そうした齟齬も、実演によって早めに修正できます。

4

「語りかけ」の技術

・子どもを責め立てる原因志向ではなく、子どもが安心できるように、できているところに着目する解決志向で語りかけよう。
・一人に対して語りかけていても、他の子どもが聞いていることを意識しよう。

筆者は、学級の状態を表に見るようにフェーズで示しています（片山２０２４）。フェーズ0とは、学級内でもめることもありますが、**子どもに当事者意識（sense of ownership）があり、自分たちで学習や学級の問題を創造的に解決しようとする学級**です。子どもたちの間でトラブルが起きないという意味では決してありません。たとえトラブルが起きたとしても、自分たちで何とかしようとあれこれ画策し、安心できる学級です。教室に教師がいない時も自分たちで互いに助け合い、多様な子ども同士が、垣根なく学び合う姿が見られます。そんな学級では、何かに挑戦してみようという新しい企画が、自発的に出てきて、背景がしんどい子であれ、一人ひとりが実に生き生きとしています。

ここで着目してほしいのは、教師の語りかけ方です。**教師が解決志向的な語りかけをしている教室は、子どもたちが落ち着いています。**そ

教室のフェーズ

フェーズ	集団の状態	授業中の子どもの様子	教師の工夫
フェーズ0	もめることもあるが，自分たちで解決しようとし，緩くまとまっている。	■話し合い活動をはじめ，様々な活動が主体的になされ，授業に集中している。 ■当事者意識を持っており，子どもからの発案が多い。	・子どもを主体にした授業準備が緻密になされている。 ・子ども主体の学習がなされており，教師の発言量は少ない。
フェーズ1	教師のリーダーシップのもと，一定程度まとまっている。	■話し合い活動は成立し，授業に集中している。 ■子どもからの発案が時々見られる。	・子どもが主体となる授業準備が一部なされている。 ・子ども主体の学習になりきってはいない。
フェーズ2	かろうじてまとまっている。	■話し合い活動はかろうじて成立する。 ■学習に参加しているが，受け身である。	・教師を中心にした授業準備がなされている。 ・教師主導の一方通行型の授業が多い。
フェーズ3	集団とは言えず，同じ空間にいるだけである。	■話し合い活動は成立せず，沈黙の時間が目立つか，私語をする時間となっている。 ■授業時間と休み時間の区別がほとんどなく，学習しようとする意識が弱い。 ■授業中も他者をバカにした発言が目立つ。	・教師主導の一方通行型の授業に終始している。 ・問題行動の対応に追われ，授業準備に時間を費やす余裕がなく，工夫は見られない。

出典：片山紀子（2024）『五訂版　入門生徒指導』学事出版，p.148

の反対に、**原因志向的な語りかけをしている教室は荒れています**。教師が、子どもの不安感を増長しているのです。

教室を観察していると、できているところに着目して教師がものを言う教室ではフェーズは0に近いです。たとえ失敗しても、教師はできたところに着目して語りかけています。反対に、「どうして静かにできないの！」「なんで君たちはいくら言ってもできないんだ!?」と、教師が子どもを追い詰める発言を常時している教室のフェーズは2や3です。

さて、みなさんはどちらの語りかけを選ぶでしょうか？

【引用・参考文献】

・片山紀子・若松俊介（2019）『対話を生み出す授業ファシリテート入門』ジダイ社
・片山紀子編著（2024）『ファシリテートのうまい先生が実は必ずやっている「問いかけ」の習慣』明治図書出版
・片山紀子（2024）『五訂版　入門生徒指導―「生徒指導提要（改訂版）」を踏まえて』学事出版
・松村暢隆（2021）『才能教育・2E教育概論―ギフテッドの発達多様性を活かす』東信堂
・奈須正裕・伏木久始（2023）『「個別最適な学び」と「協働的な学び」の一体的な充実を目指して』北大路書房
・土居正博（2021）『子どもの聞く力、行動する力を育てる！指示の技術』学陽書房
・土居正博（2022）『子どもに一発で伝わる！説明の技術』学陽書房

第5章

支配でも放任でもない学級担任術

1

学級開き

支配

▲初日から長々と学級のルールや方針を教師が語る

▲学級を率いようとして自分の価値観を押しつける

放任

▲準備せずに臨み、子どもが1年の期待感を持てない

▲ルールが定まらず、秩序のない学級となる

支配でも放任でもない学級担任術

担任として…

・子どもたちと一緒につくる土台づくりをしよう

・子どもたち一人ひとりを丁寧に見よう

・安心安全を築く4月にしよう

チームとして…

・日常的に子どもの話をして、複数の目で見る習慣をつくろう

・学級の取り組みを共有し、学級王国、孤立化を避けよう

子どもたちとの出会いはまさに始業式から

新学期は、環境の変化による不安や期待が入り混じっています。まずは「安心安全を築く」ことを第一に、急がず丁寧に子どもたちと関わっていくことが大切です。とはいえ、「子どもたちとの出会いを大切にし、よりよい1年のスタートを切りたい」という教師の思いもあります。始業式では、「1年間楽しくなりそうだ」「緊張してたけど、安心した」という思いを子どもから引き出せるような関わりを意識しましょう。

①1年間の期待感を持つ

T　○年生で楽しみなことってあるかな？

C　校外学習があるって聞いた！

C　初めての教科もあるから楽しみ。

子どもたちから楽しみを引き出しながら、重ね合わせることで1年間の期待感を子どもたちと生み出していきます。**教師が1年間を見通し、行事や活動を把握し、提示すること**で、より一層期待感が高まっていきます。

②安心感を生む

帰り際には、子どもたちに1日がどうであったか問いかけてみましょう。その上で、不安だった気持ちに共感しつつ、1日のクラスのよさをフィードバックしていきます。明日からの期待感を伝えることで、子どもたちの安心につながるでしょう。

子どもたちのこれまでの経験を大切に、ともに考え、つくる

子どもたちはこれまでの学級で築き上げてきた文化やルールがあります。**自分の価値観や経験を押しつけるのではなく、それらを大切にしながら、「みんなで更新し、よりよいものをつくっていきたい」という教師の思いを伝えます**。クラス替えのあとであれば、それぞれのクラスのやり方やその理由を取り上げ、どちらの思いも大切にしながら、「よりよい」を探ります。時にはどちらも試した上で、よりよいを見出していくとよいでしょう。

また、学校全体でルールが決まっていることも多くあります。「学校のルールだから」

という理由で管理するのではなく、「なぜこのルールがあるのか」を伝えたり、考えたりする場を設けることで、子どもたちに「考える」習慣が身についていきます。

初めからよいものを求めず、子どもたちと「よりよい」をつくっていこうという教師の心構えが大切です。その上で、子どもたちと振り返る場を設けます。

T　今日は掃除が終わるのが遅かったのはどうしてだろう。
C　そもそも給食準備が遅かった。
C　掃除の時の机出しで遅れている。

初めのうちは事実が多く出てきます。様々な視点から課題を見出せるよう共感的に受け止めていきます。その上で、

T　次から工夫できそうなところや変えた方がいいことってある？
C　給食準備に時間がかかっているからここはみんなで少し気をつけよう。
C　机出しの人数が足りていないから、早く終わった人は机出しにしたらどうかな。

教師は子どもたちが出した案を、よりよい方法をともに見出せるよう整理していきます。みんなで決めたことをしっかりと押さえ、明日に向かいます。翌日は決めたことについて再度振り返ったり、フィードバックしたりしながら、学級でよりよいを考えるサイクルを回し、ともにつくる文化の土台を築いていきます。

学級集団だけでなく、個を丁寧に見る

新学期はついつい「学級集団としてどうか」ということに目が向いてしまいます。しかし、新学期は個々の心の揺れが大きい時期でもあります。前の担任や友人と離れてしまったことで不安感を感じている子もいるでしょう。生活の中で一人ひとりを見取り、必要に応じて、丁寧に関わっていくことで安心感につながっていきます。**教師が一人ひとりを見る習慣づけをしていくこと**が大切です。

①振り返りを活用する

なかなか毎日全員と関わることが難しいこともあるでしょう。また、会話ではなかなか自分を表現できない子もいます。そこで、「書く」という表現で、子どもたちを探ります。

「子どもたちが1日の中でどのようなことに心が揺れたか」「今のその子の興味関心はどこにあるのか」などを書く場を設けます。一人ひとりの思いを受け止めた上で、次の日の授業や関わりを考え直します。初めのうちは全く書けない子もいます。ICTを活用する場合は「今日の自分の気持ちの色をカードで送ろう」などと一人ひとりが自分の思いを表現できる設定を行うとよいでしょう。

②下校時のハイタッチでフィードバック

下校時の見送りの際に、一人ひとりと意図的に関わる場を設けます。その際に、その子の1日の具体的エピソードを想起し、声をかけて帰します。

T　今日の体育の時、よく周りを見て動いてくれたね。

T　今日の社会の振り返り、痺れたな。

などと声をかけていきます。あまりイメージできなかった子は「明日はしっかり見る」と心に決めます。これにより「教師が丁寧に見ようとする」習慣が生まれてきます。また、ポジティブフィードバックをすることで、子どもたちも「先生は自分のよさをよく見てくれている」と安心して不安定な４月を越えることができるでしょう。

新学期・４月とはいえ、１年間大切にしたいことの土台づくりをしっかりと行うことを意識していきます。一人ひとりと丁寧に関わるとともに、「子どもと一緒に考え、ともにつくろう」とする教師の小さな場づくりが大切です。最初のうちは教師が管理する場面も多くなりますが、**考える場を増やすことで、子どもたちに任せる場面が増えていきます。**

チームで子どもたちを育てる土台を築く

学級だけではなく、１年間一緒に子どもたちを育てる学年の先生方との土台づくりも大切です。学級活動や子どもたちの様子を共有し、同じ方向を向いて子どもたちが育てる関係性をつくっていきます。関わりの難しい子どもは複数の目で見ていくことで、今後の困り感にも様々な手立てを講じることができるでしょう。

同僚に信頼されたいという思いから、ついついうまくいった実践を伝えようとしてしまいます。しかし、**「うまくいかない」を伝えることで、教師同士も「よりよい」を考える集団になっていきます。**

4月の学級・授業づくり

支配

▲教師が問いや学び方など学びの方向性を全て決めている

▲集団として一つの形に揃えようとする

放任

▲「楽しければよい」で終わらせる

▲一人ひとりの学びを見ず、関わりもない

支配でも放任でもない学級担任術

担任として…

・子どもが学ぶ楽しさを味わえ、主体的に学べるように工夫しよう

・授業を通して、子ども一人ひとりのよさを認め、関係づくりをしよう

・子どもの学びが発展するように場づくりしよう

チームとして…

・授業を高め合える関係・仕組みづくりを整えよう

・キャリアに関係なく、学年のどの先生も学び合う心構えを持とう

一人ひとりの「学ぶって楽しい！」を大切に

学校で過ごす時間のほとんどが授業です。その時間が退屈な子どもたちは、学校の楽しさを十分に味わえていないと言えるでしょう。有田和正氏は「1時間に1回も笑いのない授業をした教師は、ただちに逮捕する」とユーモアを交えて表現しています。子どもたちが「学ぶって楽しい！」と生き生きする姿を引き出すために様々な場づくりが大切です。

そもそも子どもたちは授業の中で、どのような時に楽しさを感じるのでしょうか。問いを持った時、好奇心が刺激された時、自分の考えがつくり出せた時、発表した時、友達との交流の時、できるようになった時、違う考えに触れた時……。

様々な場面で、楽しさを感じ、授業に参加しているのではないでしょうか。多様な子どもたちが多様な場面で楽しさを感じられるよう、教師が教材準備や場づくり、関わりをしていくことが重要です。しかし、その場限りの楽しさを追うだけでは、成長は発展的になりません。**4月から1年間を見通し、子どもたちの「楽しい」が学びの高まりにつながることを意識し、それを子どもたちが実感できるような教師の支え**が大切です。

「学ぶ楽しさ」を広げる教師の関わり

子どもたちが学ぶ楽しさを引き出していくことで、一人ひとりが主体的に学ぶことにつながっていきます。多様な「楽しい」を味わえるよう教師が子どもたちを重ねる関わりをしていきます。

①「楽しい」をリアルタイムでともに味わう

子どもたちが学ぶ姿を教師が見取る中で、その価値を拾い、即時に全体に広げることで、実感を伴った経験につながります。問いを持ち、意欲に溢れている瞬間や学びが重なり、共感し合う姿などを見取り、全体に共有し、味わう時間を大切にします。

T　今、Aさんが「えっ？」と言った気持ちわかる？
C　わかる。だって……。
T　今のAさんやみんなの学び方が素敵だと思ったんだけど、伝わるかな？
C　自分では気づかなかったことを考えてみると「確かに」って広がった。

T　そうやって友達の気づきに対して、よく考えられるのも素敵なことだよ。

このように、子どもたちの素敵な学びを拾い、そのよさをともに考えたり、教師が価値づけたりすることで、学びの楽しさの引き出しを子どもたち自身が獲得していきます。

②「楽しい」をハイライトで味わう

授業中の様子だけでは見えない学びの軌跡が振り返りには溢れています。その中で、全体に共有することで、多くの子の学びが活性化すると感じる振り返りを取り上げることも効果的です。

T　昨日の学習の中でこのように振り返っている子がいたよ。自分の学びに生かせそうなところはあるかな？

C　自分もここが気になっていた。このはてなが面白いから考えてみたい。（内容）

C　前の勉強と比べているところがいいな。私もやってみる。（方法）

学級全体を見渡して、**学習内容や学習方法で学びが促進されそうだという部分を見つけ、**

ともに味わうことで、一人ひとりの学びが高まっていきます。また、個のよさを学級に広めることで学級で高め合いの雰囲気が生まれるとともに、その子の所属感や安心感にもつながっていきます。

子どもたちの「楽しい」を保障する場づくり

教師の関わりだけでなく、子どもたちの学びが活性化するような環境を整えることも、子どもたちが学ぶ楽しさを味わうことにつながります。

①個の学びを支える場

算数の筆算の学習でノートに書き写すのが苦手。みんなのざわざわした声が苦手。無音の中で学ぶと緊張して苦手……などなど。「どの子」もできる場を保障することで、一人ひとりの学びを保障します。問題が書き写されたプリントや社会科の動画資料など子どもが選べる教材の用意や空き教室の利用・教室の区分けによって、**子どもたちが学びを選択できる場**をつくります。教師の「すべき」を全員に強制するのではなく、多様な子どもたちの学びの場を保障することで一人ひとりが学ぶことにつながっていきます。**その子の**

「今」に合わせ、次のステップを踏めるような支えが一人ひとりの成長を保障するのです。

②自然と学び合いが生まれる協働の場

子どもたちが学んだことを書き込み、見合える場を用意することで自然と話し合いが生まれます。資料や問いを貼りつけた場を模造紙やホワイトボード、ICTなどで用意します。その上で、初めのうちは教師が「つなぐ」ことを意識しながらファシリテートしていきます。自分が考えたことが誰かと重なることで深まっていく楽しさを経験することで、友達と学び合う楽しさに気づき、自ら協働的に学び合う学級の土台づくりにつながっていきます。

教師同士も学ぶ楽しさを実感する関係づくりを

子どもたちがいる学校での多くの時間は授業です。

・子どもが生き生きする授業がしたい
・子どもたちの学びを深める発問がしたい

と多くの先生は心の奥で感じているはずです。一方で、多忙により、

・授業や研究に多くの時間をかけることはできない

と思っている先生もいるでしょう。

授業に関して自然と話題になるような仕組みづくり（学年内専科やカリキュラムマネジメント、教科担当など）をしながら、日常的な対話を通して、授業観を磨き合う関係づくりを行っていくとよいでしょう。

キャリアに関係なく、安心して発言できるような環境づくりが大事です。それぞれの問題意識を重ね合わせることで、どの先生も学ぶことのできる関係性に発展していきます。

1学期の学級づくり

支配

▲多様な考えを受け入れず、教師の価値観を押しつける

▲学級のルールの線引きを教師が行う

放任

▲「どの子も居心地がよい」を考えず、何となくうまくいっていればよい

▲学級が成長し、発展することを考えていない

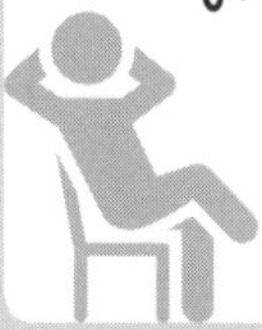

支配でも放任でもない学級担任術

担任として…

・子どもが「よりよい」をつくる土台づくりを強く意識しよう

・解決志向を促す関わりをしよう

・多様な考えを引き出し、受け入れる雰囲気をつくろう

チームとして…

・各学級の現在地を大切にし、違いを楽しもう

・「うまくいかない」を大切にし、チームの連携を高めよう

「みんなでよりよい学級をつくる」の土台づくり

「みんなで学級をつくろう！」……そう子どもたちに伝えても具体的にピンとくる子は少ないでしょう。「みんなでつくるってことは自分たちの好き勝手が通るのかな」「そうは言っても結局先生が決めるんでしょ！」と捉えてしまう子もいるかもしれません。

「よりよい」を考える場をつくり、一人ひとりが考えるきっかけを教師が用意することが大切です。その際には教師が用意した答えに導くのではなく、多様な考えを受け止めながら、「みんながよりよく」「みんなが気持ちよく」過ごせる学級をともに考えていくことが必要です。

そのために、教師は「学級の状況を見取る」「考えるきっかけをつくる」「多様な考えを引き出し、整理する」「解決志向を促す」など、教師が率いたり、子どもに任せたりすることを子どもたちの様子を見ながら判断していきます。

〈例：思いやりのない行動で一部の子が嫌な思いをしている時〉

「筆箱の中身を勝手に見られた」「しつこくちょっかいをかけられる」……多様な子どもたちが過ごす中で、本人はそのつもりがなくても、嫌な思いをしている子がいることはよくあります。子どもたちだけで解決するのが難しいこともよくあります。

この場合は、教師が双方の思いを引き出し、整理するとともに、**他の場面でも転用できるような関わり**が重要です。状況に応じて、個別に関わるか集団にも伝える必要があるかを判断します。集団の場合は具体例を出すことで、「あの子のことだ」と思われ、辛い思いをする子もいます。過去の事例を変えて、学級で話し合う方法も効果的です。

（教師の経験やこれまでのクラスの出来事について一緒に考えよう）

T　筆箱の中身を勝手に見られるってどうかな。

C　自分のものに勝手に触れられるって嫌だな。

C　一声かけてほしいなって思う。

C　あまり気にならないな。

C　すごく嫌だな。盗られたり、いたずらされたりしないかなって不安になる。

T　いろんな思いを持つ人がいるね。みんなはどうかな。

この際に「すごく嫌」「ちょっと嫌」「気にならない」「嬉しい」などと選択肢を出し、みんなが手を挙げるなど共有する場を設けます。そうすることで、「様々な思いを持つ人がいる」ということを捉えられるようにします。

T　いろんな人がいたけど、どれが正解かな。

C　ないよ。だって感じ方は違うから……。

このように、「多様な思いがある」ということに子どもたちが気づけるように問いかけていきます。その上で、「でもわからないから、嫌な時はその気持ちを伝えられたらいいよね」「相手が嫌だなって反応をしたらどうしたらいいかな？」と、よりよい解決策を見出せるよう一緒に考えます。

また、「こういうことって他の場面でもありそう？」と問いかけることで、今までの経験やクラスの現状から子どもたちが他の場面につなげて考えられるようにします。このような関わりは「考える」子どもたちを育てるだけでなく、**「一つの事柄を多面的・多角的に考え、多様な考えを受け止める」「一つの考えるきっかけをもとに他の場面で生かそう**

とする」姿につながっていきます。考えるきっかけを教師がつくり、ともに考えていくことで、子どもたちは「よりよい」を自ら考えていきます。初めのうちは事例も教師が用意することも多いですが、「何か気になることある？」と問えば、事例を挙げていくことも増えていきます。よりよいを考えるサイクルが自然と回っていくような土台づくりをすることで、「みんなでつくる」風土がつくられていくでしょう。

このように、子どもたちの成長を発展的に捉え、教師が率いていることを子どもたちに委ねる部分を増やしていくことで、学級・子どもたちが育ちます。

解決志向でよりよいを考える係活動

4月にみんなで考えた係活動が気づけば形骸化し、「○○係は何かしたの？」「○○係だけが活動している」などといったことがあります。定期的に学級の現状を振り返り、係活動を結びつけていくことで活動が活性化していきます。

T　最近のクラスで「もっとよくできそう！」というところはあるかな。

C　最近教室もそんなに散らかっていないし、問題ないかな……。
C　教室の後ろの方とかもう少し工夫できるかな……。
T　係で取り組めそうなものはある？

こんな時、新しい係をつくるのもよいでしょう。去年の学級では必要があったから4月に提案したけれど、もうクラスには必要ない。そんな係も出てくるかもしれません。1ヶ月で結成・解散する流動的な係活動を取り入れることも一つの方法です。

このように、**学級みんなが気持ちよく過ごすための方法を考える**ために係活動を活用することで、自分事となるとともに、自分たちで学級をつくる意識の高まりを生みます。

教師も「うまくいかない」を大切に、高め合える関係性を

子どもたちが多様な見方や考え方を持っているように、教師も多様な見方や考え方を持っていきます。日常的に子どもたちの話をしながら、学年や学校全体で子どもたちを育てていく土台づくり」を行っていきましょう。

前向きな子どもたちのよい姿を共有することはもちろんですが、「うまくいかない」の共有も大切です。同じ学年の教師として、「隣のクラスの方がうまくいっている」などと比較し、マイナスに捉えてしまうこともあります。そして、自分の思う理想の学級像に近づけるように子どもたちをより統率（支配）し、強い指導になりかねません。

同じ学校、学年でも学級編成によって学級は違います。**「クラスの現在地は違って当たり前」**と捉え、その違いを楽しみながら、「よりよい」学級づくりを模索していくとよいでしょう。

１学期は多様な子どもたちが向き合う中で、関係性がうまくつくれない子もいます。教師も、「前のクラスではうまくいったのに」と成功が生かされない場合もあります。子どもも教師も様々な手立てを出し合い、「その子」「その先生」に合った方法をともに考えることは、子どもを育てるだけでなく、大人も一緒に育つことができます。

自分のポジションから（学年主任であれば全体を見渡す。教員一人ひとりのよさを引き出す）、できることを考えたり、ともに働く先生の得意を捉え、生かす場を考えたりすることで、教師同士の安心安全を築くとともに、ともに支え合い、高め合える関係性を築くことができるでしょう。

1学期の授業づくり

支配

▲子どもの「やりたい」を保障せず、自分の授業スタイルを押しつける

▲教師と複数の子たちだけで授業を進める

放任

▲自由に学んでいれば、個別最適な学びだと考える

▲提供して終わり。「よりよい」を考えるきっかけを与えない

支配でも放任でもない学級担任術

担任として…

・一年間の学びを見通し、計画しよう

・子どもたちが自律的に学べる土台づくりをしよう

・聴き合える関係づくりをしよう

チームとして…

・多様な学びの引き出しを共有し、教師の指導の幅を広げよう

・教師の得意分野（教科・指導法）を生かし、高め合おう

多様な学び方に触れ、引き出しを増やす

教室には様々な特性を持った子どもたちがいます。前年度まで算数の授業に全く参加できず、先生に怒られていたというAさん。実は算数が苦手なのではなく、ノートをとるということを苦手としていました。教科書に直接書き込むことにしたところ、暗算でスラスラと解く姿がありました。

このように、どの子にも得意なことや苦手なことがあります。多様な子どもたち一人ひとりが自分らしさに気づき、それを生かして自律的に学んでいくことが教師の願う成長なのではないでしょうか。

いきなり「自分に合わせた学び」をすることはできません。様々な学び方に触れ、その手応えを確かめながら、自分らしい学びを築いていくために、**1学期の授業では、様々な学び方を子どもたちに提示し、経験する機会を設けます**。その上で、子どもたちが自分に合った学びを選択し、自分らしい学びを展開することを支えます。

築地久子は、子どもの学びを、1学期を基礎期、2学期を発展期、3学期を充実期と捉

え、学びの年間計画を立てていました。学年の発達段階や4月の見取りを生かし、児童の実態に合わせて、年間を見通した計画を立てておくことで、子どもたちの学びを発展的にすることにつながります（下記表は、著者が築地1994をもとに作成）。

教師自身の多様な学びを引き出すためには、教師間での交流が有効です。経験の多い先生の引き出しだけでなく、子どもたちと年齢の近い若い先生のアイディアは刺激があります。

子どもだけでなく、大人も得意を生かし、高め合える関係性をつくっ

	１学期（基礎） 学び方のよさを実感 教師の出：教える，引き出す，認める	２学期（発展） 学び方を試行錯誤 教師の出：支える，微調整，気づきを生む	３学期（充実） 自己の学び方を捉え，発展 教師の出：支える，微調整，高める
？を持つ	・多くの問いを見つける練習（総合・国語） ・問いの分類，吟味・検証→追究 ・友達の問いに触れる ・？を生かした一人学びの場 ～国語や総合がマッチ。社会の発展でも。 ☆単元の学習課題の設定 ～教科の見方・考え方のセット	・みんなで問いを並び替え，学習計画を設定 ・みんなの問いを分類する→自分なりの学習計画 ・個々の問いの追究 ～見取り，フィードバックによる微調整 ・？と？のつながりに気づく ～個の抽出により全体に広める	個々が個性的に設定し，組み立てる。
予想する	・生活・既習との結びつき（想起の場） ・予想の広がり（問いが重要） ・多様な予想を認める。 ・予想が「やっぱり！」の経験	・概念化を意識（全体や個を共有） ・予想→仮説，予想のレベルを提示 ～既習，既知，生活経験を根拠に １．何となく　２．きっと～な気がする　３．～だから～だと考える ・仮説を吟味・検証する一人学び	自分らしい見方・考え方を発揮する。 多角的・多面的に捉える。
学習計画	・単元という言葉の理解 ・単元の学習課題 ・学級でつくる学習計画	・問いや予想の磨き合いを通して，みんな→個々に計画 ・予想と振り返りとの連動	自分らしい学びが展開できるようカスタマイズする。 AAR サイクル

ていくとよいでしょう。

新しい学び方と出合った際には、**学習方法に対しての振り返り**を行うことで、子どもたちが自分に合った学びを模索していくようになります。

T　この単元では、みんなで予想をしてみたけど、どうだった？

C　予想から「はてな」が生まれたからそれをもとに調べた。

C　予想が「きっとこうだ」と思えたから調べる時に調べやすかった。

このように子どもたちと学びの手応えを確認していくことで、よりよい学びについて考えるきっかけを生み、自分の学びを調整できるように関わっていきます。学びは簡単にうまくいくとは限りません。むしろ学び方が自分のものにならないことの方が多いでしょう。**「うまくいかなかった」という声は成長の秘訣**です。成長だけを取り上げるのではなく、停滞も学ぶ上で当たり前であることを発達段階に応じて伝えることで、安心して学ぶ姿につながっていきます。

低学年であれば、植物を例に、「今は根が伸びている状態だから目に見えないけど、これから大きくなるために大切な時間だよね」などと伝えると停滞を捉えやすいです。

高学年であればプラトー現象（学習を続けているにもかかわらず、成長が止まってしまう現象）のグラフを取り上げ、誰もが学ぶ上で経験することであることを捉えやすくするのも手立ての一つです。

その上で、「どこがうまくいかなかったか」「どうしたらうまくいきそうか」をその子や学級で考え、自ら学びをつくっていけるように関わっていきます。

聴き合える関係性を育む

友達と学びを重ねることで、子どもたちの学びはより一層豊かになります。初めのうちは教師が率いる場面が多い展開になることも多いですが、最終的には自分たちで学びを重ね、問い合えたり、関連づけたりする子どもたちに育つことをねらい、聴き合える関係の土台づくりを行います。

しかし、聴くということはやはり難しいです。

・「言いたい」が先行し、意見の発表会で教師とその子の対話になる
・形式的に聴くことを求め、「体を向ける。反応をする」だけになって、学びに深まりが生まれない

聴くという漢字を分解すると、「目」と「耳」と「心」に分けられます。内容を理解するための聴く（耳）だけでなく、**相手に「聴いている」を表す思いやりの聴く**（目・心）の二つが大切であることを子どもたちに伝え、両方を段階的に育てていくことが大切です。

〔聴き合う関係づくり　ステップ①：友達の意見を受け止める〕

「誰かが話していれば授業が進む」このような経験をしている子どもたちが多くいます。友達の意見を捉えられるようにすることが聴き合う第一歩です。

教師が止めるなどして率い、再生を促したり、要点を整理したりする関わりが必要です。聴いている姿として、頷きや呟き、体を向けるなど様々な表現があります。それを認めながら、一つの方法に絞るのではなく、その子の聴いている合図や聴き方を見出せるように

しましょう。

〔聴き合う関係づくり　ステップ②：友達の考えから広げる〕

友達の考えが聞けるようになってくると、「そうそう」「う〜ん」という自然な呟きが増えてきます。よく聴いて、考えている現れです。そういった反応を見取り、その反応の理由をその子や学級全体で考える場を設けていきます。

聴き合える関係性は子どもたちの学びを促進するだけでなく、共感や認め合いのある関係性につながっていきます。みんなで考える学級づくりにおいて、聴き合える関係性はとても重要です。聴けないクラスに育つと、誰かが問題意識を持って、学級に声をかけているのに、「自分には関係ない」「聴いていない」という学級集団になっていきます。個と集団をともに育てることのできる「聴く」を育てていくことは、授業はもちろん、学級づくりの上で大切な要素となってきます。

「聴く」ことを子どもに求めるよりも、率先して教師が子どもの発言を丁寧に聴く姿勢が大切です。子どもは教師の姿を見ながら育っていきます。

教師自身も子どもの言葉をよく聴き、子どもから学ぶ姿勢が大事です。それによって子どもとともに考え、学級をつくる素地ができます。

2学期の学級づくり

支配

▲教師の役割がずっと同じ。常に子どもを管理する

▲課題に対して、解決志向ではなく、教師が方向性を決める

放任

▲学級や一人ひとりのよさや課題を見出さず、「よりよい」も考えない

▲一度捉えた子ども像のまま。一人ひとりの変化に向き合わない

支配でも放任でもない学級担任術

担任として…

・学級の実態を見取り、教師の役割を考えよう

・「うまくいかない」をきっかけに課題解決能力を育てよう

・子どもの変化を敏感に察知できるようにしよう

チームとして…

・学年の活動を増やし、子どもたちの成長の場づくりをしよう

・学級を複数の目で見ることで、たくさんの捉えができるようにしよう

時間の経過とともに、教師の役割を変化させていく

1学期に子どもたちが考えるきっかけづくりを行うことで、子どもたちが自ら考え、よりよいを更新しようとする学級になっていきます。**1学期に教師がしていた「学級の状況を見取る」「考えるきっかけをつくる」「多様な考えを引き出し、整理する」「解決志向を促す」といった役割を子どもに委ねていく**ことで、子どもたちの育ちにつながります。

教師が完全に子どもに「任せる」のではなく、見守り、支えていくことを忘れてはなりません。学級の状況を見て、成長につながる一手を考えていくことが大切です。「うまくいった」はもちろん大切にしていきたいですが、**「うまくいかない」を学級の成長のきっかけ**と捉え、立ち止まって子どもとともに考えていきましょう。

立ち止まっても、子どもたちがすぐに解決策を見出すことができないかもしれません。教師はすぐにアドバイスしたくなりますが、子どもたちの考える力を育て、自立を促すことが子どもたちの成長につながります。ここで丁寧に関わっておくことで、今後、より子どもたちが自ら「よりよい」を求める集団に育っていきます。

〔うまくいかない例①：解決策が手詰まり〕

学級の課題発見能力が育つ一方で、解決志向が育たないこともあります。課題だけを出し合う日常では、不満を見出すだけの集団になりかねません。抽象的な「一人ひとりの意識」「協力」「声かけ」などで解決策が終わり、何も変わらない学級に不満が募ることも増えていきます。こうした場合は、教師が**解決志向を引き出す関わり**を行っていきます。

T　どんなことをすると一人ひとりが気をつけられそうかな？
C　時間を測ったらどうかな。　C　終わったあとはみんなで確認しよう。
C　○○係や日直が中心になって、チェックするのもよさそう。

多様な解決策が出てこない際には、次の方法も手立ての一つです。

- 多様な考えを引き出せるよう考える間や場を設ける
- 教師が解決策をいくつか示し、引き出しを増やす

〔うまくいかない例②：一部の子どもの声が大きくなる〕

考えるのが得意な子やよく発言する子が学級を引っ張っていくことがよくあります。スピード感があり、高まりもあるため教師は見守ってしまいがちですが、学級の中で**「どうせ○○たちの意見が通るし」vs.「発表しない人がいるから仕方ないじゃん」**と、互いを責め合い、安心安全から遠のく可能性もあります。

教師は「うまくいかない」の要因がどこにあるのかを捉え、手立てを考えます。

- ・授業などを通して、多様な考えを出し、誰もが考え、意見を言える雰囲気をつくる
- ・全体での発表という手段以外の表出方法を活用する（ICTやグループでの話し合い）
- ・「学級みんなでつくりたい」という思いを伝え、フォロワーを増やす

などが挙げられます。大切なのは、目の前の学級を見て、学級の実態に合った方法を教師が考えることです。学級の育ちや教師と子どもの関係性が築けていれば、教師が「うまくいかない」と捉えている部分を学級全体に共有するのもよいでしょう。**「何人かの意見が決まっているけど、これってみんなで決めたと言えるのかな」**と、ともに考えていくこと

で「安心安全な学級」「高め合える学級」へと育っていきます。

絶えず変化する子どもたちを見取る

「夏休みが明けて急に積極的になってきたな」「前はそんなことしなかったのに……」と子どもたちは、刻々と変わっていきます。「前はできていたのにできなくなった・やらなくなった」「急に高学年らしくなった」などと急に見え方が変わることもあります。

家庭環境や友人関係、成長期などの関わりから変化していくことは当然のことです。「あの子はこう」などと決め切るのではなく、**「子どもは常に変化するもの」と理解し、絶えずその子を捉えようとする教師の姿勢**が子どもたちを育てるには大切な要素です。

一つの学級を見ていると「固まる」こともあります。複数の目で学級を見ることで、教師の様々な見方が重なり、より子どもたちを広く捉えることができるようになります。

クラス全員と毎日対話をするのが理想的ですが、授業に加え、様々な対応により、そうもいかないのが現実です。様々な場面を活用して子どもの捉え直しを行っていきます。

①日常の振り返りや日記を活用する

子どもたちが「1日をどんな思いで過ごしたか」「どのようなことに楽しみを感じているのか」「悩みや困っていることはないか」を教師は知りたいものです。しかし、全員に聞き出すことは難しいです。そこで、一人ひとりが思いを表出する場をつくります。

ついつい教師が知りたいことを書いてほしいと思い、内容を絞ってしまうことがあります。しかし、自由に書くことで「その子らしさ」が見えてきます。また、「悩みはありますか」などと毎日のように聞かれることはネガティブなことに目が向きやすくなります。「悩みや困っていることがあれば相談する場にしてね」程度としておくとよいでしょう。

こうして、**子どもの想いに触れる場をつくることで、教師が一人ひとりを捉えやすくなるとともに、一人ひとりと教師がつながるきっかけができます。**

②表情から見取る

子どもたちが表出する言葉が本当のその子の思いではなかったり、素直に感情表現できなかったりする子もいるでしょう。感情が出やすい表情から子どもたちの様子を見取るようにすることで、子ども理解につながっていきます。気になる時には声をかけたり、その要因を探ったりします。

・登校時や朝の会（家庭環境や学校への不安がある子の変化が見える）
・授業中（学びに対しての不安感などが現れる）
・休み時間（友人関係での不安感や変化が見える）
・給食時間（子どもたちの動きが少ないため、じっくり見ることができる）
・帰りの玄関（気持ちのよい１日を過ごしたかどうかを見る）

学級づくりから学年づくりへ

２学期は行事も多く、学年で取り組むことも増えます。その中で、学級や子どもたち同士のよさを重ね合い、よい刺激を受けながら成長できる環境や関わりを考えていきます。学年の実態に応じて、**学年朝会やクラスが混ざる活動、学年集会**などを取り入れていきましょう。子どもたちを複数の目で見る機会が増えることで、子どもたちによさをもたらすだけでなく、教師同士での対話も増え、高め合える関係を築くことができ、一石二鳥です。

2学期の授業づくり

支配

▲子どもの学びを一律に捉え、自分が望むよう学級全体に指導する

▲学習目標に全員がたどり着けばよい。一人ひとりの現在地は見ない

放任

▲個々の学びの過程を見ようとしない。結果のみで評価する

▲任せてそのまま放置。教師がその子の学びを進める関わりをしない

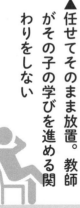

支配でも放任でもない学級担任術

担任として…

・選択や調整・修正の場を設け、試行錯誤を促そう

・子どもたちの学びを支える教師の関わりをしよう

・一人ひとりを丁寧に見よう

チームとして…

・日常の授業についての対話や参観を活発にしよう

・子どもの姿をたくさん語ることで、授業力を高め合おう

その子らしい学びを、その子自身が吟味する

多様な学びの引き出しを増やした上で、子どもたちがその中から選択して自分に合った学びを見出していくことが自律的な学びにつながります。いきなり「自分に合った学びをしてみよう」「自分で学習計画を決めよう」と任せられても、子どもたちは困ってしまいます。一人ひとりの学びが安心と成長につながるように教師が様々な場面で支えます。

①学習計画

子どもたちが学習の入り口で見通しを持ち、自ら学びを選択できる**「足場かけ」**を行います。子どもたちの内側にある問いや予想をもとに、これまでの学習を振り返り、学習方法を想起し、どれが今回の学習にフィットするのかを子どもと一緒に考えていきます。

個で考える時間を設けつつ、友達と交流したり、教師が率いて提案したりして、子どもが違った視点を入れると、個々の学びが活性化します。

②学習前の「自分のめあて」を表出

学級で立てた問いやめあては本当に全員のものになっているでしょうか。国語の「話す

こと・聞くこと」の学習で、「話している人の話の内容を聞いて、自分の考えを比較しながら自分の考えをまとめよう」という問いにクラス全員が達成できるよう、教師はしっかり準備します。一方で、次のように考える子が学級にいるのも自然なことです。

C　そもそも自分の考えを言うのが難しいのに……。**（目標を満たすことが難しい）**

C　こんなことは普段から当たり前にできているよ。**（目標は学習前に達成している）**

一律の学びを求めるのではなく、**学習課題をもとに、一人ひとりがめあてを設定する場**を設けることで、どの子も成長できる学びの場をつくり出すことができます。

方法の一つとして、**ＩＣＴを活用する**のも有効です。即時に共有ができ、友達のめあてを参考にしながら、自分の今いる位置を確認するなどして、自らめあてを考えることにもつながるでしょう。

③振り返りで絶えず「よりよい」を模索する

最初に決めた計画を進めていく上で、変更することは大人でもよくあります。調整や修正に向けて、立ち止まる場面を設け、子どもたちが「考える」きっかけをつくります。

・最初に立てためあてに立ち返る
・単元の学習課題に立ち返る
・学習方法や学習内容を振り返る

子どもたちの様子に合わせて、振り返りの視点とすることも効果的です。振り返りを習慣づけ、子どもの困り感発で「うまくいかない」を出し合い、「うまくいく」を考えていけるようにしていき、これからの学びを微調整する習慣をつけていきます。初めのうちは「次の学習はどうしていきたい？」などと問いかけ、学びの連続性を意識していくとよいでしょう。

その子の学びを一歩進め、手柄は子どものものにする

授業というと教師が学級集団に向けて関わりを行うイメージを持つ方もいます。しかし、学びは学級にいる子どもの数だけあります。その一人ひとりの学びの過程に向き合った上

で、必要に応じて全体や個別に関わっていく教師の姿勢が子どもたちの成長につながるのです。教師は意図的に関わりますが、「手柄は子どものものにする」という意識を持ち、支える役割に回ると、子ども自身が学びをつくり出せるようになっていきます。

①学びを促進する関わり

教師の関わりとして、学びを一歩進めるよう意識します。学習目標に向けて、教師が率い、グッと引っ張り続けることが本当にその子にとって適切とは言えません。一人ひとりの「今」を見取り、一つ次のステップに上がれるように、学級全体や個別に行うと、個々の学びが高まっていきます。

・具体的に学習方法を助言する（やりやすそうな方法をいくつか提案してみるなど）
・学習内容が高まる声かけを行う（揺さぶる、問い返しなど）

②学びを引き出す関わり

子どもたちの成長につながる関わりと言われると積極的に教師が関わり、子どもたちを導いていくことをイメージすることが多いかもしれません。しかし、子どもたちの成長を願い、あえて具体的な指示を行わないこともあります。

T　面白いなあ。もう少し詳しく教えて。**（続きを促す）**

T　そんな気づきがあったんだ。ここの部分はどうだったの？**（別の視点を引き出す）**

T　次はどうしたい？**（次の学びを引き出す）**

子どもたちの学びを受け止め、内側に潜んでいる学びを引き出したり、自ら学びを進めていけたりするように関わります。**あえて黙って「見守る」**こともあります。少し学びが停滞していても、その子が、試行錯誤することが今後の学びに価値があると判断した場合は、見守ることがその子の学びを育てることになるからです。

一人ひとりの学びを見ていくと「その子らしさ」が見えてきます。その子の興味・関心によって、ものの見え方や考え方、性格など違いますから、それを支えていきます。

・算数が大好きで社会科の学習でも数的に事象を見ている

・教科書を読むのは苦手だけど、動画資料を見ると内容がよく入っている
・自分で決めたことはやり切りたい。その時に声をかけても受け入れない

2学期は**学年内専科や授業を気軽に見合う機会**を増やしていくことで、学年の子どもたちが成長し、教師同士が高め合う関係性に発展していきます。学年内専科を行う中で見えてきた学級のよさや課題を共有したり、抽出児童を決め、同じ子どもを見たりする方法もあります。

教師も多様な見え方や考え方をしています。異なる思いも出てくるかもしれませんが、授業と同じで、**違った意見は自分の考えを更新してくれる材料**です。様々な考え方や見方に触れ、教師同士がより成長できるような関係性づくりや仕組みを整えていきましょう。

3学期の学級・授業づくり

支配

▲「このクラスのままがいい」という言葉がよしとされる

▲子どもの落ち着かない気持ちを抑えつける

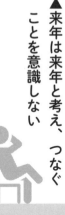

放任

▲もう3学期。「あと少しで終わるのみ」と手立てがない

▲来年は来年と考え、つなぐことを意識しない

支配でも放任でもない学級担任術

担任として…

・これまで大切にしてきたことを認め、成長を自覚できるようにしよう

・個々の子どもの進級に対する思いを受け止めよう

・来年度に「つなぐ」ことを意図的にしよう

チームとして…

・来年度の子どもたちを想像しながら、関わりを考えよう

・来年度の担任たちにつなぐ意識を持とう

これまでの成長過程を確かめ、来年に「つなぐ」

1年間ともに学級をつくり上げた子どもたちに、教師は何を願うでしょうか。

「この先生、クラスのままの方がいい」

そう言われると1年間の教師としての頑張りを感じ、嬉しい気持ちになるかもしれません。しかし、本当に教師が願わなくてはならないことは、**「来年度も自分のよさを生かして、成長し続けてほしい」「自信を持って進級し、笑顔で過ごしてほしい」**といったことです。

一方で、いざ進級すると、「去年のクラスでは○○だったのに」と不満を言う子がいたり、去年は生き生きしていたのに、全く違う様子の子どもが見られたりすることもあります。

3学期は、**次の学年に「つなぐ」こと**を意識し、子どもたちが次年度も生き生きと過ごすことを考え、支えていきます。

①これまでの成長過程を自覚し、来年度につなぐ

これまでの成長を出し合う場を設け、整理していきます。子どもたち自身が成長を言葉にすることが自覚化につながります。その上で、その力が様々な場面で発揮された過程を想起し、ともに味わいます。「環境が変わってもやっていけそうだ！」という思いを醸成していきます。

②来年度の教育活動とこれまでの成長をつなぐ

来年度の教育活動の中で、これまでの成長が生かせる場を提示し、子どもたちの期待感を生みます。提示する内容としては、**学校行事や学習内容、学校でのポジション**などが例として挙げられます。子どもたちのこれまでの姿に合わせて、提示する内容を考えるとよいでしょう。また、子どもたちから期待していることを引き出し、次年度の自分の姿をイメージできるようにつないでいくことも手立ての一つです。

T　来年度は高学年になります。いろいろな新しいことが増えるのだけど知っている？

C　委員会！　宿泊学習もあるよ。今年の5年生は発表会で器楽をやっていた。

T　みんなのこれまでの力が発揮されると楽しみなんだけど、どんなところで生かせそう？

C　委員会って学校のことを考えるよね。今までクラスや学年のことを考えてきたからそれを学校に広げていけばいいんじゃないかな。

C　宿泊ってみんなで決める場面もありそう。より一層協力したり、考えたりすることが増えてレベルアップできそう！

このように、来年度の教育活動への期待感と「自分たちならやれそうだ」という自信を持って来年度へと向かえるよう関わっていきます。

一方で、不安感を抱き、変化が見られる子もいます。安心安全な1年間を築き、成長できた環境からの変化に不安を抱くことは自然なことです。後ろ向きな思いも受け止め、一人ひとりにとってよりよい1年の締めくくりと進級に向かえるよう、丁寧に関わっていくことが子どもたちの来年度につながります。

Ｔ　来年が楽しみだなって人もいるけど、不安な気持ちもあるんじゃないかな。
Ｃ　今のクラスの友達が大好きだから来年馴染めるか心配。
Ｃ　勉強が難しくなるって聞いたからついていけるか不安だな。
Ｔ　何かが変わるって不安な気持ちはとってもわかるよ。今まで変わったって経験ある？　このクラスも４月は「変わった」だったよね。

こうした対話から**「変化には不安もあるが、成長させてくれるきっかけだ」**という変化に対して前向きな気持ちが生まれるよう、今までの経験を引き出したり、教師の経験を伝えたりして、進級に対しての不安感を減らしたり、前向きな気持ちが生まれたりするように支えていきます。全体の場だけでなく、個々の思いを表出する場づくりを行い、その子の気持ちに合わせて、個別に関わることも大切です。

学びも来年度に「つなぐ」

３学期の授業ではこれまでの学習を振り返りながら、一人ひとりが改めて「よりよい」

を確かめ、学びを再構築していく過程を教師は支えていきます。次の学年の学習を見通し、学習内容や方法の接続を意図的に意識し、授業づくりをしていくとよいでしょう。成長と自分らしさを子どもたちが自覚し、自信を持って来年度も学んでいけるように関わっていきましょう。

1年間の学びを確認する通知表配付の際、教師は子どもたちにどのような言葉をかけるでしょうか。

・1年間の頑張りを認め、来年度への期待を伝える
・評価の理由を丁寧に伝え、来年の改善のアドバイスをする

しかし、それは子どもたちが自分で考える場となっているのでしょうか。「○の数」だけを気にして、「やった！　これでゲームを買ってもらえる」などと喜ぶ子もいます。通知表配付を子どもたちがこれから考える場とすれば、来年度につなげるきっかけとすることができます。

①事前に通知表の観点や評価規準を伝え、自分の学びについて考える場をつくる

一人ひとりが○の数ではなく、**自分の成長と課題**に向き合えるようにします。発達段階に応じて、自分で通知表をつけてみるのも効果的です。

②配付後、じっくりと向き合う時間を設ける

担任が一方的に一言つけ加えながら、渡されることが多くあります（支配が垣間見えるワンシーンです）。それでは、子どもたちは評価と向き合う時間がありません。**評価をもとに、じっくりと考える時間を設けた上で子どもと教師が対話する**方法も、手立ての一つです。

③子どもと対話しながら、これからをともに考える

子どもたちが「考えた」ことを受け止め、その上で、来年度のよりよいを一緒に考える場をつくると、子どもが自ら「自分のこれから」について考えるようになります。

しかし、通知表だけでは子どもたちの頑張りを評価することはなかなか難しいものです。これまでの教師の関わりが評価であることも伝えます。1年の締め括りは、子どもたちが自分の成長について考える大切な時期ですので、**それを自覚する場を通知表以外でも教師が意図的につくり、率いていきます**。こうすることで、子どもたちは自信と安心を抱きながら進級することができ、安心安全を築く次の4月につなぐことができます。

8

学校行事

支配

▲教師が考えた行事の内容を子どもたちがやるのみ

▲教師の想定から外れた場合は叱責する

放任

▲練習がグダグダ。緊張感のカケラもない。成長の場となる行事に程遠い

▲担当教師に任せっきり。内容も子どもの様子も把握しようとしない

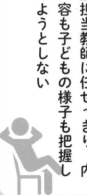

支配でも放任でもない学級担任術

担任として…

・子どもも大人も一緒に「よりよい」を考える学校行事にしよう

・みんなが考えられるようにしっかり行事の準備をしよう

・共創のための場づくりや仕組みづくりをしよう

チームとして…

・ねらいを共有するとともに、役割分担をしっかり行おう

・どの教師も指導する場面を意図的に設け、直接関わるようにしよう

一緒に考える共創の土台をつくる

学校行事では、教師がねらいに合わせて計画・運営し、子どもが「考える」場面が少なくなっていることがあります。教師の「支配」を子どもが実行するだけのような行事です。教師の思いが強くなればなるほど、子どもたちの意欲はどんどん下がり、うまくいきません。そうなると行事までの期間は、子どもたちが落ち着かなくなり、指導が増えてしまうことがあります。

陥りがちなそうした学校行事を**「子どもたちと一緒に考え、ともにつくる共創」**で、大人も子どもも生き生きし、成長につながる学校活動にしていきます。担当教師は、行事のねらいを定めた上で、行事の内容に合わせて準備し、**「提案する」部分と「みんなで考える」部分の整理**を行います。

例えば音楽発表会では、発表時間や教科書の内容で発表するなど、諸々の制約がありま す。その上で、発表のコンセプト（世界旅行をイメージするなど）を考えたり、曲目のリストアップを行ったりして、提案できるようにします。

子どもも大人も考える余地があり、自分たちも選択して一緒につくり上げることを期待すると、主体的に参加するようになっていきます。事前準備をしっかり行っておくと、想定から大きく逸れることはありません。準備を整え、バランスをとりながら任せることが大事です。ともに面白がり、つくっていく土台づくりが行事を成長につなげる鍵となるのです。

T　音楽発表会は観客を世界旅行に招待しよう！　どんな曲や発表ができそう？
C　（教科書を見ながら）〇〇！
C　招待するならバスガイドみたいなのがいて、旅行しながら紹介すると面白そう。

共創のプロセスを支える場づくりを考える

①当日までを見越したロードマップ

当日までの見通しを持つことは子どもにはなかなか難しいので、教師が率いて計画を作成します。その上で、子どもたちに提案していきます。子どもたちが考える余地を残し、ざっくりと「この週あたりにこのような姿に」というイメージを共有するとともに、**きっちりと「ここまでには通し練習・締め切り」と決め、具体的に示す**ことが大切です。**子どもに考える余地がなければ、子どもは主体的に動きません。一方で、全て子どもたちに任せることがよいとも限りません。**行事のねらいや子どもたちの実態に合わせて、一定程度は、教師がコーディネートし、子どもに任せる部分を設けることが重要です。

練習から当日までのロードマップをＩＣＴで示したり、拡大印刷したりして子どもたちに共有すると、見通しを共有できます。視覚化して示せば、子どもたち自身が書き込みを行ったり、練習計画をつくったりもするようになり、自然と主体的に動くようになります。

②プロジェクトチームを動かす

子どもたちの「やりたい！」が生まれてくると、計画や運営の必要感が子どもの中から出てきます。これまでの経験では、そうなった時、**プロジェクトチームを立ち上げる**のがよいタイミングになることが多い気がします。

体育発表会であれば、競技ごとや開会式、音楽発表会であれば曲目、構成、シナリオなどのプロジェクトが挙げられます。チームに教師たちが所属し、子どもたちの実態に合わせて、「子どもと一緒に考える」「必要な情報を開示する」「整理・修正する」などの関わりを行い、ともに学校行事をつくり上げていきます。

行事当日は「成長」と「楽しい」をともにつくる

行事当日は子どもたちが成長を自覚し、「やってよかった」という達成感を存分に味わえるようにします。当日は、子どもたちが緊張や気持ちの高揚から落ち着かないことがよくあります。特に、宿泊行事など経験が少ない行事では、子どもたちが想像できていなかった部分も多くあるので、うまくいかないことも出てくるでしょう。

それに対して、「思っていたように動かない」と叱責する教師もいます（支配のワンシーン）。しかし、本当に子どもたちが全て悪いのでしょうか。**当日に向けての計画・準備、関わりの甘さ**と教師として向き合う必要があります。

行事によって、新しい成長のきっかけを見つけることができたと前向きに捉えるように、教師は行事に向かうスタンスを整えましょう。

大人（他の教師・保護者）もともにつくる

①他の教師を共創のプロセスに巻き込む

学校行事では、学年の中に担当の教師を決めることが多いでしょう。その教師に任せきりで、多くの指導をその教師が行うこともあります。よりよい学校行事のためには、**参加する全員がともにつくっていく仕組み**が重要です。

「教師全員に役割・指導の場面があるか」「教師全員に考える・工夫の余地があるか」を考え、計画を立て、提案することで、教師全員を巻き込むことができます。行事の準備の中でも、子どもの姿を見ながら、一緒に考えながら、「よりよい」を共創していくことで、子どもも大人も成長できる学校行事となります。

②保護者も共創のプロセスに巻き込む

保護者は、完成した学校行事だけを観にくることが多いです。その過程を見てもらえるように、保護者を学校行事のプロセスに巻き込むと、間違いなく大きな効果が出ます。

・保護者とともにつくることで、子どもたちの意欲や成長につながる
・これまでの頑張り（過程）が見え、子どもへのフィードバックが大きくなる
・保護者の方の得意を生かせる
・学校の教育活動に対して、より理解を示してくれるようになり、信頼につながる

そのためには、事前の計画で保護者が協力できそうな部分を考えておきます。その上で、懇談会やお便りを通じて、教師の思いを語り、協力をお願いしましょう。また学級通信などを通して、子どもたちの頑張りの過程を伝えていくと、行事の効果が倍増します。

子どもも大人も考える行事となるよう、土台・場づくりを行っていくことで、一人ひとりにとって、成長と充実感のある学校行事となっていきます。

9

係活動

支配

▲係活動に取り組んでいないことを責め、指導する

▲うまく回るように、事前に仕事内容まで教師が全て決めた上で係活動をやらせる

放任

▲子どもがしたいように好きにやらせる

▲係活動の目的やルールが明確でない

支配でも放任でもない学級担任術

担任として…

・いろんな子がいて教室は面白い！　係活動を通して、先生も子どもと一緒に面白がろう

・子どもの試行錯誤を面白がろう

・子どもが素直に熱中できることを最優先しよう

チームとして…

・どんな係活動に取り組んでいるか話題にしよう

・子どもの試行錯誤を学年の先生や保護者と共有しよう

係活動は一つの学級づくりの戦略

教室には多様な子どもがいます。多様な子どもたちが「一緒に学級をつくる」から面白い学級へと向かうことができます。その多様さを生かす戦略の一つが係活動です。学級よりも小さな集団で子どもが対話する経験になりますし、自分の興味に基づいた係に所属することで、楽しく活動することが期待できます。

ある年、休み時間の度に、虫取りへ出かける子がいました。その子は、「むしむし係」になって、大好きな虫を教室で飼うことにしました。「むしむし係」になったことで、虫の飼い方の説明を虫かごに添えたり、餌のやり方説明会を開いたり、触り方講座を開いたりもしました。最初は、「勝手に虫を見られている！」と、友達が覗き見ることを嫌がることもありましたが、そのうち係の目的を理解し、自分らしさを発揮するようになりました。

友達との関係づくりが苦手な一方で、特定の分野に対して強い興味を持つ子どもなど、こだわりが強い子どもにとって、係活動は絶好のチャンスです。学級の友達とつながることができる可能性を無限に秘めています。

係活動は、全国どの学校でも行われているものですが、係活動をすることが当たり前になり、システム化されるなど、係活動をすること自体が目的化してしまっている教室を見ることもあります。「どうして活動していないんだ！」と叱責している様子を見て驚いたこともあります。係活動は、事前に活動内容を教師が決めるなどして、先導しすぎてしまうと「支配」に傾き、活動しない子どもを叱りつけたくなります。とはいえ、教師がただ見守っているだけでは「放任」になりますので、そのバランスが難しいかもしれません。

こうした係活動を進める上で最も大切なことは、**教師が「面白がる」こと**ではないでしょうか。「面白がる」とは、子どもの発想や試行錯誤を教師も一緒に楽しむということです。

係活動を「面白がる」ために

そもそも、子どもたちは、係活動が好きです。多くの場合、自分で自分のしたい係を決めて取り組んでいるはずなので、楽しみな時間であるはずです。でも、実際には次のようなことがよく起こります。

- ・係に強制参加を促すことでトラブルが起きる
- ・活動に参加しない子どもが出てくる
- ・活動時間の確保ができないため、休み時間がなくなる

このように、**初めは楽しく活動していたはずが、だんだんと全員で「面白がる」ができなくなっていくこと**があります。係活動を進める上で大切なことは「面白がる」ことから始まります。

①みんなの笑顔を「面白がる」

係活動では、企画をする側と企画に参加する側と両方の立場を子どもたちは担っています。企画する側を「面白がる」のは難しくありません。**係活動の「面白がる」は、企画に参加する側の表情で決まります**。

係活動の目的を子どもたちがわかっていれば、参加する側の笑顔を大事にするでしょう。また、学級の友達が企画することに進んで参加しようという思いを持とうとするでしょう。

こうして、一緒に学級をつくっていきます。

②先生も「面白がる」

「どうして活動していないんだ！」と叱責する教室を見かけることがあります。気持ちはわかりますが、もしかしたらその先生は、子どもが活動してさえいればよいと、係活動をさせること自体が目的化しているのかもしれません。

そうではなく、**学級のみんなを笑顔にしようと試行錯誤する子どもの姿を「面白がる」**ようにしたいです。そういう立ち位置に立てば、係活動をうまくできていない子どもを気にかけながら見守ったり、言葉かけしたりしたくなるからです。

「面白がる」ためには「自分事」に

係活動を始める時、どのように始めますか？　読者の先生方はどんなことに気をつけていますか？　「統率」してやらせたり、その反対に「任せて」自由に「放任」したりしていませんか？　以下は、筆者（西村）の場合（4年生）です。

C　先生、係、いつから始めるんですか？（係活動について子どもから言い出しました）

T　どうして係活動をすることになっているんですか？

C　毎年やっているからです。

T　でも、どうしてするの？　休み時間も使うし、大変じゃないの？

C　「クラスのため」になります。係があることでクラスがよくなります。

T　どうして係があると、クラスがよくなるんですか？

C　例えば、遊び係がみんなで遊ぶ時間をつくってくれたら、仲良くなれます。

C　それに、やっている時間が面白いよね。休み時間も使うけど、係の時間って面白いよね。

C　でも、「来週の中間休みに、みんな遊びをします」って伝えると、「えー」って言われて、揉めたことがあるんです。

C　わかる。他の係につき合う時間があるよね。

T　それって「クラスのため」になっているの？

C　それは、取り組み方の問題なんじゃない？

ポイントは、**教師の問いかけを通して「係活動の目的」「これまでの活動の課題」について子どもが考えること**です。この話し合いでは、「本当にクラスのためになるか？」という相手意識を持って取り組み、課題があれば改善していくことになりました。

係活動の「面白がる」は、実は係活動の開始後にあります。自分たちで企画した活動を振り返ったり、その取り組み方を振り返ったり、参加者の反応を振り返ったりします。係活動の目的を子どもが捉えることで、係活動は「一緒に学級をつくる」ための基幹活動となっていきます。

子どもの中で目的がはっきりするからこそ、失敗を受け入れ、よりよくしようと試行錯誤することもできます。「支配」でも「放任」でもない係活動には、この過程が重要です。子どもが、係活動をよりよくするための試行錯誤を繰り返す中で、係活動を「自分事」として捉えるだけでなく、学級の「自分事化」も進みます。

子どもが試行錯誤しながら成長していく過程は面白いです。その「面白さ」を学年の先生や保護者と共有しましょう。すると、学校でも家庭でも大人が子どもたちの試行錯誤に対するプラスの発言が増えます。**大人も含めてみんなで「面白がる」ようになれば、こだわりの強い子どもも含めて、みんなが安心して過ごせる学級になっていきます。**

10

学級目標

支配

▲先生の思いを、学級目標に強く反映する

▲指導する時に、学級目標を示しながら叱責する

放任

▲多様な子どもの意見を引き出さず、一部の子どもの意見だけで学級目標を決めている

▲学級目標があってもなくても、学級の様子は変わらない

支配でも放任でもない学級担任術

担任として…

・先生も「どんな学級にしたいか」を考えよう
・学級目標を話題にし、振り返る時間を時々つくろう
・「ともにつくる学級」を意識しよう

チームとして…

・それぞれの学級が、どこを目指しているのか、それぞれの考えを伝え合おう
・定期的に、学級目標について教師同士で振り返ろう

学級目標をつくるなら、誰にとってもわかりやすい方がよい

多くの学校で、学級目標が教室の前方に掲示されているのを見かけます。学級目標をつくるよさは、たくさんあります。

・学級の誰もが、目指す学級をイメージできる
・目指す学級について話し合う過程で、目指す学級像が統一される
・目指す学級像が明確になるため、学級内での行動や判断を振り返りやすくなる
・目標や振り返りのサイクルを日常的に回し続けられる

このように、「学級目標をつくる過程」にも、「学級目標をもとにして振り返る過程」にも、「必要に応じて学級目標をアップデートしていく過程」にも、子どもにとって大切なことが含まれています。学級目標が多くの教室でつくられているのは、そうした点で意味があるからでしょう。

学級目標をつくる過程で、学級をつくる

学級目標をつくる、つくらないにかかわらず、**子どもたちが「どんな学級にしたいか」を考え、話し合う過程**が大切です。学級目標をつくる時は、二つのことを大切にしています。

- ・みんなで一緒につくる
- ・一人ひとりが自分の頭で考える

昨年度の子どもたちがどんな過ごし方をしていたとしても、4月は、新しい学級に期待を持つことができる時期です。この1年の始まりに、「どんな学級にしたいか」を話す子どもたちを、どう受け入れたらよいかを意識していきます。

弁の立つ一部の子どもの考えが正しいかのように取り上げ、学級全体を安易に揃えようとする教室を見かけることがあります。子どもの考えを聞きはしたものの、結局先生の考

えでまとめていく光景も見かけます。そうなると、子どもたちは、自分の頭で考えることをやめ、**無自覚的に教師の「支配」が始まります**。

一方、子どもたちが自然に話すのがよいと考え、子どもたちに任せて話し合わせると、一部の子どもが好き勝手に思いを語り始め、それでまとめてしまうこともあります。これもまた**無自覚的に「放任」が始まります**。

教室には、いろんな子どもがいます。どの考えも、じっくり聞くと本当に面白いです。

まずは、教師が学級計画案をつくってみる

「子どもが学級目標をつくる」ことはもちろん大切にしたいですが、先生の思いも含むべきだと考えています。**まずは先生が学級計画案をつくり、目指す学級の姿を考えてみる**ことをお勧めします。「この子たちと一緒にこういう学級をつくりたいな」というイメージを自分で学級目標にしてみます。

〈課題をリフレーミング〉

・昨年度、教室に規律がなかった　↓　メリハリをつけられる学級
〔長所をさらに伸長〕
・係活動が盛り上がっていた　↓　笑顔をつくれる学級

そこにはきっと、先生の「こうあってほしい」が含まれるはずです。ただし、ここで、自分のつくった学級目標を子どもに押しつけようという気持ちが働いていれば、既に「支配」が頭をもたげているということになります。

自分の考えを一つの思いとして語ることがあってもよいのですが、先生の影響力は大きく、伝え方には配慮が必要です。また、教師の思いを語る過程がなければ、子どもに任せすぎになるかもしれません。つまり、「放任」です。**学級目標をつくる過程から、「支配」や「放任」を意識しておく**必要があります。

学級目標はつくってもつくらなくてもよい

以前の筆者（西村）は、「学級目標」は学級経営の軸だと考えていました。学級に大き

な指標があることは、教師にとっても子どもにとっても、「見える化」されてわかりやすかったからです。しかし、実は今、学級目標をつくることはしていないのです。

子どもとこれからの学級について話し合った結果、学級目標をつくらないことを決めたからです。子どもたちは、学級にはいろいろな考えの友達がいて、それぞれに自分の考えを持つことのよさを感じており、考えを一つに統一していくことに対して違和感を持っています。ですから今は、機会を捉えて「こんな学級にしたい」を一人ひとりが語って共有したり、学級を振り返ったり、聴き合ったりすることにしています。

学級目標をつくることが大事でもなく、つくらないことが大事でもなく、**「子どもと一緒に学級をつくる」過程を教師が大事にできるかどうか**がポイントだと考えています。

「支配」でも「放任」でもない学級づくり

学級目標をつくることは手段であり、目的ではありません。自分の頭で考えずに、「どのクラスでもやっているから……」と取り組み始めると、そこには「支配」や「放任」が表れ始めます。

学級目標がある教室では、子どもの行動や学級の方向性を整えやすくなり、「この教室では、こうあるべき」が誰にとってもわかりやすくなります。教師も子どもたちにも、「こうあるべき」を過度に意識し、揃えようとすると、同調圧力が働き始めます。「支配」の始まりです。

無自覚に「支配」に陥っている教師は「自分たちで決めたじゃないか！」と、動かない子どもを見て叱責したくなりますが、子どもの方からすると「先生の言う通りにやらなくちゃいけなくて、ちっとも楽しくない！」ということかもしれません。**子どもに自己決定させているように見せかけて、本当は教師が「支配」している**ため、子どもとの間に溝が生じるのです。

他方、子どもの気持ちだけを優先させて、教師が何ら関与をしなければ、それぞれがバラバラに過ごし始め、主張できる子どもの意見が自然と強くなって、そのうち教室が学級とは言えないような空間になっていきます。**「放任」が「崩壊」に転じていきます**。

学級目標の目的を意識しながら、「子どもと一緒に学級をつくる」ための自分なりのやり方をご自身で考えてみるのがよいと思います。「支配」でも「放任」でもない「子どもと一緒につくる学級」の姿がぼんやりとでも見えてくるかもしれません。

11

トラブル対応

支配

▲教師が叱って、子どもに謝らせ、見せしめをしながら言うことを聞かせる

▲トラブルの意味を考えずにとにかくその場を収める

放任

▲子どもに任せすぎて、いつも教室が落ち着かない

▲指導がないのでいじめが蔓延し、保護者からのクレームが絶えない

支配でも放任でもない学級担任術

担任として…

・多様な子どもが生活すればトラブルは起きる。子どもに必要だから起きていると捉えよう

・子どもが、考えを広げられるよう、トラブルに向き合わせよう

・これからのその子についても保護者と共有しよう

チームとして…

・一人の判断は間違っていることもある

・恥ずかしがらずにトラブルについても伝えよう

・助けがあれば誰しも気持ちが楽になる。お互いに助け合おう

過去には見せしめで対応していた

いろんな考え、いろんな個性の子どもたちが一つの教室に集まって、ともに過ごしています。クラスのよし悪しにかかわらず、当たり前にトラブルは起きます。その時に、先生や子ども、保護者がトラブルをどう捉えているかが、学級経営を左右します。

今では、まずかったと思っているのですが、以前の筆者（西村）はトラブルのマイナス面だけを意識していました。子どもたちと出会った時には、こう語っていました。先生は、この三つがあった時には怒りますと。

①人を傷つけた時
②何度言われても変わろうとしない時
③命を大事にしていない時

トラブルを未然に防ぎたいと考えていましたし、この三つに該当することを示し、見せしめのように怒ることもありました。全ての子どもに「あんな風に先生に怒られたくない」と感じさせることで、トラブルが起きないように仕組んでいたのです。しかし今では、4月の教室の実態によって、このようにすることが必要な場合もあるかもしれませんが、できるだけ、こういう指導は避けたいと思うようになりました。

その理由は、**子どもたち一人ひとりが自分の頭で考えることの方が大事だから**です。この指導では、「先生に怒られたくない」が子どもたちにとっての最優先事項となり、子どもたちは思考停止状態に陥ってしまいます。

トラブルはその子の成長にとって必要だから起きる

とはいえ、トラブルのマイナス要素はどうしたって学級に影響が大きいことは否めません。トラブルの原因の多くは、子どもの中にあります。

- イライラしていた
- あの子とうまくいかない

・自分の思いばかり優先してしまった
・ふざけてしまった
・悪気なくしてしまった

突発的に起きるように思いますが、子ども同士の関わりや集団の中での文脈から生じます。**一人ひとりの子どもの課題や状態を把握していれば、そのトラブルは起こるべくして起こっていることがわかる**はずです。

トラブルを自分事として捉えるよう指導する

学級の一人ひとりが、トラブルを「自分事」として捉えることができるようであれば、トラブルが起きたとしても、トラブルが起きる原因の解決を目的とした前向きな話し合いができます。そうでなければ、誰が悪かったのかを探したり、同じことが起きないように当事者が距離をとったりするなど、そのトラブルの対応が目的になってしまいがちです。「ピンチはチャンス」という言葉がありますが、トラブルが起きた時に、子どもたちが

「成長のチャンスだ」と心から思えるようであれば、トラブルが起きても、教室にマイナスムードが生じたり、トラブルがこじれて長期化したりするようなことはなくなるはずです。

さて、トラブルが生じれば、どう対応するのかが教師に問われます。子どもの主張を鵜呑みにするだけでは、子どもは都合の悪い部分は言わないので、方向を誤ってしまいます。教師は確かに指導するのですが、指導するというよりむしろ、**行動に至るまでにどういうことがあったのかを問うなどして、トラブルの背後にあるものを子どもから引き出すスタンス**で対応します。

子どもの考えを多角的に整理するのは、まず行うべきことです。子どもが混乱していれば、トラブルになるのは自然なことです。教師が誘導することはよくありませんが、**子どもの言葉を適切に整理したり、代弁したり、解決志向を促したりすることを意識しましょう。**

子どもが感情的になっていることもあるため**「今振り返って考えてみるとどう？」**と問うのも有効です。教師の言葉で言いくるめるのではなく、子どもに自分の言葉で表現してもらうことで、子どもが自分事に捉えるようになっていきます。子どもに自分の言葉で表現してもらうと、保護者に伝える際にも、「○○さんはこのように発言していました」と報告でき、説明に説得力が増します。

トラブルは保護者への伝え方も見据えて対応する

そうは言っても、大人も子どもも、トラブルに対するマイナスイメージを取り払うのは難しいものです。だからこそ、トラブルが起きた時の指導には、気をつけたいです。

子どもの気持ちはもちろん、**保護者がトラブルをどう捉えているか**については注意して見ます。トラブルが解決し、子どもに前向きな雰囲気ができていたとしても、保護者がトラブルの解決を求めて、おさまったトラブルを掘り起こそうとする場合があります。

子どもが家に帰ってどんな話をするかイメージして指導します。そして、子どもが保護者に伝えるよりも先に、教師から保護者にトラブルの情報を伝える方がよいことが多いです。子どもが前向きに捉えていることや、指導の過程を保護者に直接伝え、保護者と子どもを見守るという視点で共有すれば、そのあと大きなトラブルにはならないはずです。

筆者（西村）がうまく対応できなかったケースの多くは、教室では前向きに捉えていたのに、家庭では違うスタンスで話をしたり、保護者の話を聞いてトラブルの捉え方が変わってしまったりした場合です。「トラブルは、起きたあとが大事だ」ということを、子どもたちとも保護者とも、いろいろな場面で伝え続け、一緒に考え続けていくようにしたいです。

トラブルを子どもが育つ過程として捉え、子どもと、保護者とも、校内でも共有し、ともに子どもの成長を見守る姿勢が、これからの学級経営では大切です。

自分だけで解決しようとすると、気づかないうちに子どもを支配してしまいます。他方で、トラブルは子どもにはよくあることだからと「放任」しておけば、子どもは成長しません。子どもにトラブルが起こり続ければ、保護者とのトラブルも増える一方です。

チームでトラブルを共有し、子どもの成長を助ける

自分の学級で起きたとなると抱え込みがちですが、**事実をもとに、複数の教師がトラブルを共有する**ことで、トラブルの見え方も違う角度から見えることがあります。共有を重ねることで、よりよい方法を模索できますし、担任の苦しみも低減されると考えます。

12

保護者対応

支配

▲とにかく保護者に伝達だけして、保護者の意見は流す

▲自分にとって都合のよいような情報だけ保護者に伝える

放任

▲自分から何かを発信する気がなく、人伝いのルートで保護者に情報が伝わる

▲子どもを見ていないため、保護者に伝えようと思っても材料がない

支配でも放任でもない学級担任術

担任として…

・できる限り保護者とも風通しをよくしよう

・子どもの様子が正しく保護者に伝わるようにしよう

・子どもの「試行錯誤」も保護者と共有しよう

チームとして…

・学年、学級、個人など、保護者対応の役割を一旦決めよう

・誰がどの保護者と関わっているか、何を伝えているか、細かく共有しよう

保護者も多様化している

子どもも多様化していますが、多様化は子どもだけに見られるものではありません。保護者も多様化しています。それだけでなく、多様化した保護者同士が、ＳＮＳ等で以前とは違うつながり方をしていますので、仮に歪んだ情報であっても、あっという間に広がってしまいます。

保護者とのよい関係を築くことは、学級経営においてとても重要です。いろんな保護者がいて、それぞれの保護者がいろんなつながり方をしていたとしても、子どもをよく見て、子どもにとってよい指導をしてくれる先生に対して悪い感情は抱きません。

もし学級のよさが保護者に伝わっていないとすれば、それは、情報が正しく伝わっていないだけかもしれません。保護者との関わりを考える時に、**まずは子どもとしっかりと向き合うこと**、そして、**子どもと向き合っている様子を正しく伝えること**が大事です。さらに、伝えた上で、子どもの成長を一緒に支えることができたらいいなと思います。まずは、その思いを持った上で、保護者とどのように関わっていくかと、考え続けることが大事です。

保護者に伝わるには三つのルートがある

保護者に学校の様子が伝わる時のルートは、主に三つあります。

①直接話す

対面で話すことができたら一番よいのかもしれませんが、電話でも構いません。一緒に過ごして感じるその子の悩みや困り、トラブルだけでなく、頑張る姿やよさも伝えたいです。伝えたいことは、よいタイミングで、保護者にダイレクトに伝える必要があります。直接伝えることが、最も誤解が生じません。

②人伝い

人伝いというのは、子どもが保護者に話すだけでなく、その子の友達、友達の保護者など、多岐にわたるところから伝わるということです。確かでない情報や噂話として伝わることもあります。ここには、先生の伝えたい意図とは関係ない場合が多く、トラブルにつながってしまうことが多いです。携帯電話やSNS等で、以前より簡単に連絡を取り合えるようになったことで、この手のトラブルが増えています。

③媒体による発信

学級通信、学校ホームページ、学校ブログ、一筆箋、手紙、連絡帳などがこれに当たります。ノートや宿題に対するコメントや丸つけもこれに当たるかもしれません。子どもに対して発したメッセージであっても保護者に伝わります。

発信する内容に、誤解なく先生の意図を込めることができれば、プラスに働くことが期待できます。しかし、受け取る保護者も多様であるため、プラスに意図したものがマイナスに働いてしまうことがあるので、注意が必要です。また、子どもの話す内容と、発信内容が大きくズレてしまうとよくありません。

こうして考えると、全ての保護者と直接やり取りすることも難しく、情報発信しても誤解が生じる可能性があり、なかなか難しいことではあります。

「風通しのよい教室」「開かれた学校」と言われ、情報を公開すればよさそうですが、日々の忙しい業務の中で、誤解が生じないような情報発信をしていくことはなかなか簡単なことではないかもしれません。**限られた時間の中で、どの家庭に何をどう伝えるか、全体の保護者に何を発信するか判断し、伝えていくこと**が大事です。

「伝わる」ではなく、子どもと関わってから、自分から「伝える」

教師と保護者が話をする場面の多くは、トラブルや課題が起きたあとが多いです。保護者との関わりを考えると、トラブルが子どもを含めて**人から伝わるのではなく、教師が自分から伝えること**が大事です。

その時大事なことは、教師が子どもの話をきちんと聞いているかどうかです。トラブルや課題について伝える場面では特に、教師が子どもの話をしっかり聞くことです。子どもと一緒に教師がこれからのことを考えていることが伝われば、保護者は安心して子どもを学校に送り出すことができるようになります。

〔人の話が聞けないという課題で、保護者との電話例〕

T 「これからは何を大事にして過ごす？」って聞いたら、「話を聞く」って先ほど言っていましたよ。

P 家でも全然話を聞かないんです！ この間の参観日も気になっていました……。

T　気になりますよね。でも、こうやって自分で決めたようなので、私たちも頑張って見守ってみましょうか。きっと、本人は、ちゃんと話を聞けるようになりたいんですね。

P　本当ですか？　それは嬉しいです。

T　細かく声はかけますけど、自分で決めて、本人が頑張れるようにします。帰る前に「どうだった？」って聞いたら、「90点！　ほとんど完璧！」って笑顔で言ってましたよ。

P　90点、そんなわけないですよね。まったく自己評価高いんだから……。

話を聞かないという課題を保護者に伝える場面でも、子どもの様子抜きで伝えてしまうと、「家庭でも指導してください」と言っているように聞こえます。同じ話題でも、このように**子どもと教師が取り組んでいる様子を伝えるようにし、保護者と一緒に子どもの頑張ろうとしている姿を支えたり、応援したりしたい**と思っています。「最初は真向かいに対面していた保護者が、最終的には保護者と横並びになって子どもを見つめるようになるイメージだといいな！」と思いながら、保護者と関わるようにしています。

教師の思いはきちんと伝えよう

教師の思いを伝えるために、年度初めの学級懇談会で自分の思いを伝えるようにしています。どんな学級でありたいか、子どもたちとどう関わっていきたいか、保護者とどう関わっていきたいかを伝えます。

仕事が遅いことに自覚がある筆者（西村）ですので、多忙だという実感は人一倍強いです。それでも、学級通信にはこだわって毎日欠かさず書いています。分量と時間を決めて、負担にならないようにしています。やるべきことが増えますが、**日常的な情報発信には、それだけの価値がある**と考えているからです。ただ、「学級通信」は子ども向けに書いているので、学級掲示板（スクールプラットフォーム）で保護者向きの文章も書きます。子どものことを一番に考えているのは、保護者であるはずだからです。

保護者についても、「支配」でも「放任」でもありません。子どもとしっかり向き合いながら、保護者とも真摯に向き合うようにすると、一緒に子どもたちを見守ることができ、安心して学級づくりに取り組めると信じています。

13

話し合い

支配

▲話し合うことよりも、活動を進めたり、終えたりすることを目的としている

▲授業中、話し方や聞き方、発表の仕方などの厳格なルールがあって、子どもが自然に話せていない

放任

▲子どもの自分勝手を認めすぎて、秩序のない話し合いが行われている

▲話していない、聞いていない、話し合いに参加していないことを指導しない

支配でも放任でもない学級担任術

担任として…

・「一緒につくる」をイメージして指導しよう
・話し合う目的について話し合おう
・「いろんな考えがあるから面白い」について共有しよう

チームとして…

・お互いの授業や学活の時間を見合って、気づいたことを話し合おう
・子どもたちが話し合って決める時に、どうやって決めたらよいか相談しよう

子どもたちと一緒に、「よりよい」学級をつくるには、話し合う

子どもたちが自分たちで学級をつくるためには、それぞれの思いを重ねていくことが大切で、そのためには「話し合い」が必要です。子どもたちが、他者の思いを受け止めながら自分の思いを語ることで、「一緒につくる学級」へと向かっていきます。

この教室で生きる子どもたちが、自分たちで感じている「今」を語り合い、よりよくするために何ができるのか、何をするかを、みんなで本気で語り合えるような「話し合い」の場が持てたらよいと考えます。そのためには以下のことを意識します。

- 自分の考えを言葉にして伝える力
- 相手の考えを一旦受け止める力
- 目的に向かって、考えや思いを合わせる力
- 自分の思いを素直に伝えられる安心感

「話し合い」の力は、「話し合い」を通して培われます。**どのような「話し合い」を経験したか**です。「話し合い」では、子どもに問いかけながら、どのように学級を育てていけばよいかを考えています。

話し合いに向けてすべきこと

①教師が「支配」するのではなく、話し合う目的を子ども同士で話し合う

自分の発想や考えを大勢の前で話すことは、心に負荷がかかります。さらに、学級について話すような明確な答えのない考えが求められる場面では、自分なりの考えを伝えることへの抵抗感は強いです。

「話し合い」を「放任」すれば、そういう負荷や抵抗を感じない子どもたちだけで進んでいくようになってしまいます。一緒につくる「話し合い」が行われるためには、**「話し合い」の目的を学級で共有しておく**必要があります。次のように、私は子どもたちに直接「話し合い」の必要性について問いかけることにしています。

T　今、話し合おうとしていますよね。どうして話し合う必要があると思いますか？

C　自分だけで考えるよりも、みんなで考えた方がいろんな考えに気づけます。

C　自分の考えと合わせて、もっといい考えになったり、その考えがいいなって考え方を変えたりできます。

C　友達がそんな風に考えるんだって、その人のことをもっと知ることもできます。

このように、子どもが感じている話し合うことのよさを出し合うと、話し合うことに必要性を子どもが持ちます。

一方で、形式的に話し合うことを教師が求めると、子どもたちが話し合いのよさを感じなくなります。「**そうならないように、一緒に考える」場**を設けることで、話し合いの目的を再考するきっかけをつくっていきます。

C　いいところがいっぱいあるみたいだけど、みんなで話し合っていたら、一部の人ばかり話していて、聞いてばかりで退屈そうにしていることもあるよね。

C　わかる。でも、聞いているだけでも、「なるほどな」と思っています。

C　「あっ！」って思っても、一人しか話せないから、「自分の考えを言いたいのに！」ってなることもあります。

C　全体で話していても、間に班やペアで話していたから聞くだけではなかったよ。

「うまくいかない」部分を出し合い、学級で考えていくことで、よりよい話し合いへと発展していくでしょう。もちろん、全員が自分の考えを言えるとは限らないので、考えたことを一人で振り返る時間もとります。それぞれの中に問題意識が生じることを大切にしています。授業だけでなく、朝の会や帰りの会などの「話し合い」の場面で、様々に問いかけることで、「話し合い」の目的や意味を明確にしていきます。

問題意識を持って「話し合い」を重ねていくことで、こんな風に考えているということが共有されていきます。**「話し合い」の目的が共有されていれば、誰か一人の話をみんなで聞く場面でも、授業外の時間でも、主体的に聞くようになります。**

②授業外の時間でも、「話し合い」を意識する

子どもたちは、授業中に「話し合い」を行いますが、それ以外でも日頃から話し合います。自分たちで学級をつくっていくことを考えると、「話し合う力」はとても大切です。

そのためには、休み時間の「話し合い」を指導することもあります。運動場でサッカーをしていた子どもたちがもめていたことがあります。ルールがはっきりしていなかったり、一部の子どものわがままが通っていたりと、理由は様々です。ですから、**もめ事が起きる前に考えさせる**ようにしています。

T　そのルールで、本当にみんなが楽しめているの？
C　もめ事が起きていないから、楽しめていると思う。
C　実は、変だなと思っていたことがあるんだ。

実は思っていても、ハッキリ言えていないことが子どもたちの中にはあります。特に、もめたあとの「話し合い」では、もめ事の解決自体が目的になるため、「話し合ってよかった」という経験が得られにくいです。日頃から問いかけるようにすると、自分たちで話し合うことができるようになります。

③「なるほど！」と「おもしろ！」で、「支配でも放任でもない」へ

筆者（西村）の教室での口癖は、**「なるほど！」**と**「おもしろ！」**です。子どもの考え

は面白いです。「例えば？」「もうちょっと詳しく！」と、問い返すとその子らさしさが表れ、さらに面白い考えに出合えます。

何度も言い続けていると、口癖は子どもに移っていきます。グループで話し合っている様子を見ていると、「おもしろ！」「例えば？」と盛り上がっています。私の関わりを「話し合い方」のモデルとしているようです。

初めは「話し合い」の中心に私がいたとしても、私の代わりをしてくれる子どもが出てきたら、そっと身を引いて子どもたちだけで話し合えるようにしていきます。その様子を価値づけたり、また次のステップに向かうよう問いかけたりもしています。

「話し合い」のキホンは、「ちゃんと聞く」です。「ちゃんと」は、相手の考えを一旦受け止めるということです。これがないと、安心して話ができなくなり、主張の強い子だけが話す教室になってしまいます。でもこれは、先生の影響が大きいです。

自分の経験でも、**先生が子どもの話を「ちゃんと聞く」教室の子どもたちは友達の話を「ちゃんと聞く」**ことが多いです。

子どもの振り返り

支配

▲振り返りをたくさん書かないと怒られるという雰囲気をつくっている

▲子どもが振り返りのよさを感じていない

放任

▲子どもが自然に思考することを優先しすぎて、何も指導しない

▲子どもの振り返りに対するリアクションを何も考えていない

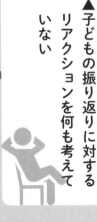

支配でも放任でもない学級担任術

担任として…

・「振り返り」を、子ども自身が大切に思えるようにしよう

・教師の望む通りではなく、子どもに自分の頭で考える習慣をつけよう

・子どもの「今」を知るための大事な時間だと意識しよう

チームとして…

・「どうして振り返りを書くのか」を話題にして話し合ってみよう

・どの振り返りを面白いと感じているのか、それぞれの価値観を共有しよう

子どもの振り返りにどうフィードバックしたらよいのか

筆者（西村）は、1日の終わりに「振り返り」を書かせています。どの教科でも、基本的には5分間の「振り返り」の時間を確保しています。6教科授業をすれば、1日の「振り返り」も含めて、一人七つの「振り返り」が提出されます。GIGAスクール構想以前は、机にノートの山がいくつもできていました。全てにコメントを書いていたこともあり、やることが増えて大変でした。

でも、一番大事なことは、**子どもが自分の頭で考える習慣をつけること**です。子ども自身が「振り返り」のよさを感じることが大切です。本項では、どのように取り組むか、どのようにフィードバックするかを考えてみます。

自分のエゴのために振り返りを書かせていた

以前の筆者は、本時のノートの最後に、問いや気づき、感想などを短く書くように指示していました。あるいは、その時間に学んだことを一言でまとめるような指示をしていました。「振り返り」を読んだ私が、本時の学びを次時につなげたり、それぞれの学びを把握したりするために「振り返り」を書かせていました。

授業だけでなく、下校前には、その日の「振り返り」も書かせていました。一人ひとりに赤ペンでコメントを書き、交換日記のように、子どもたちとやり取りをしていました。子どもたちが負担に感じているように見えませんでしたし、楽しく取り組んでいるように感じていました。

子どもたちとの関係づくりや、子どもたちについてもっと知るための取り組みだったと言えますが、当時を思い返してみると、これらの「振り返り」は、筆者が筆者のエゴのために書かせていたのかもしれません。

振り返りで子どもを「支配」していた

以前の筆者は、子どもの「振り返り」を毎日のように学級通信や授業の冒頭で紹介していました。そうすると子どもたちは、一生懸命「振り返り」を書くようになっていました。

友達の書いていることを知って、書き方や考え方を真似したり、参考にしたりして、「振り返り」がどんどんよくなっていきました。

保護者も、学級通信を通して、そのクラスの子どもたちの考え方に触れることができ、教室の様子をイメージすることができているようでした。これでよいと考えて続けてきていました。それではまずいと感じるようになったのは、**「本当のその子」が見えにくくなっていること**に気がついたからです。

> 「先生、私の振り返りも学級通信に載せてよ！」
> 「今日の振り返りよかったでしょ？」
> 「○○さんみたいなこと書いてみたらって家で言われるんです！」

いつの間にか振り返りが、紹介や評価を前提にしたものになっていたのです。子どもたちは、教師を意識して「振り返り」を書くようになってもいました。その時の筆者は、それでよいと思っていました。筆者の考える「よい」を子どもたちが意識することで、子どもたちが成長すると考えていました。

筆者は当時、思考停止状態に陥っており、自分の「よい」と思っていることを疑うこともありませんでした。教室や学びのコントローラーを持っているのは、教師でした。つまり、**子どもを振り返りで「支配」していた**のです。そこに、何とも言い難い違和感を自分自身で持つようになりました。

「支配する」から脱し、振り返りに対するスタンスを変えた

今でも、授業の最後の5分間と下校前の5分間は、「振り返り」を書く時間にしています。やっていることは、以前とほとんど変わりません。

ただし、心構えが違います。それは、教師のための「振り返り」ではなく、**子どものための「振り返り」**だと考えるようになったところにあります。子どもたちの気づきや考えたことなど、その時間やその日の子どもの試行錯誤の過程を読ませてもらっているというスタンスでいます。ちょっとだけ、「支配」から脱しました。

ものにもよりますが、最近は、基本的にはコメントを書くことはしていません。話題にしたり、了解を得て「学級通信」で紹介したり、事前に伝えて共有したりすることはあり

ますが、基本スタンスは**「振り返りは、その子だけのもの」**と、今は考えています。このように考えるようになったのは、ようやく最近になってからのことです。

どういう「振り返り」にするかは考え方によると思いますが、自分の場合は、こうして「振り返り」に対するスタンスを変え、「本当のその子を見ようとする」「本当のその子の試行錯誤を面白がる」という視点を学級経営の中で大切にしようとしています。

振り返りで自分事にすると、「支配でも放任でもない」に近づく

子どもは試行錯誤を繰り返しながら「自分事化」していきます。**子どもが自分の学校生活や学級、学びを「自分事」と捉えられるかどうかのベースが「振り返り」**です。先生は、子どもの書く「振り返り」を読むことで、その試行錯誤の過程を知ることができます。それによって、教室にいる子どもの姿をさらによく見るようになります。そうなると自ずと、「支配」でも、「放任」でもない学級経営に近づきます。

振り返りを書かせると時間がかかりますから、どのような場面で振り返りを書いてもらうかは、学級の状態によって決め、**子どもも自分も負担にならない地点**を探りましょう。

問いかけると、「支配でも放任でもない」に近づく

筆者は、よく子どもに問いかけます。場合にもよりますが、「こうした方がいいよ」といったアドバイスではなく、子どもに問いかけるようにしています。**「どうしてそう考えたの？」「どうしてそうするの？」「〇〇って、何だと思う？」**など、その子が次の一歩を考えたり、自分の行動を問い直したりするための問いかけです。

子どもたちは、教師からの問いかけをきっかけに考え始め、自分のことや自分たちのことを、さらに「自分事」として考えるようになります。もちろんダメなことはダメと伝えますが、**自分で考える癖をつけていくことを大事にしています。そうすると、子どもに「任せる」とか、教師が「支配」するとか、そういうものから離れていく**と思っています。

15

学級通信

支配

▲自分の価値観を子どもや保護者に押しつける

▲自分の思い通りの学級経営を進めるためのツールとして活用する

放任

▲子どもが希望したことを叶えすぎて、学級通信の意図することから次第に外れる

▲学級通信に書いてあることを子どもが受け取っていない

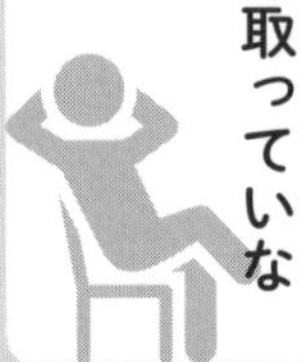

支配でも放任でもない学級担任術

担任として…

・毎日続けて、意識して子どもを見よう

・学級や自分を振り返り、思考するきっかけをつくろう

・子どもに問いかけよう

チームとして…

・子どもを見ることができているかを確認し合う場面をつくろう

・子どもの姿（よい場面、頑張っていることなど）を面白がろう

毎日続けることで、全ての子どもを見る癖がつく

筆者（西村）は、子どもたちの姿をよく見て、子どもたちに問いかけることを日々の習慣にしています。それを意図的に行うための一つのツールとして、「学級通信」が有効だと考えています。

多くの学校では、働き方改革に伴い、「学級通信」を書かなくなっていると聞きます。また、チーム担任制を導入しているところは、「学級通信」ではなく、「学年通信」を書いているかもしれません。「学級通信」でなくても、学校や学年、学級の実態に応じて、ホワイトボードメッセージや一筆箋など、様々な方法が考えられます。大事なことは、**毎日、子どものことを考えることを「面白がる」こと**です。負担にならない方法で、取り組むことをお勧めします。

筆者自身はまだ固定担任制であり、「学級通信」が有効だと考えているので、毎日書くことにしています。毎日書く理由は、**「子どもを見る癖」がつく**からです。子どもをぼんやりとしか見られていなければ、「学級通信に書くことがない」という日が増えていくは

ずです。そのことを自覚する日々は、学級づくりの腕を磨くための絶好の機会となります。「今日はこの子を見てみよう」「振り返りを書かせてみたら、もっと子どもたちのことが見えるかも」と、教師の試行錯誤が始まります。「学級通信」は、学級づくりの「仕掛け」でもあります。一番大事なことは、**「子どもを見る機会を必然的につくる」**ところにあります。

「学級通信」が、子どもが自分の頭で考えるきっかけとなる

「学級通信」には、子どもを個々に見たり、学級全体を見たりして、「面白いな」と感じたことを書くようにしています。

- どんなクラスを目指したい？
- どうして決まりを守るのか？
- どうして○年○組は笑顔なのか？
- どうして、僕たちは学ぶのか？
- 「より良く」って何だろう？
- 「わかった」と「わかったつもり」

授業中や休み時間に子どもたちと話していて、「このことをみんなに伝えたら、どんなことを考えるのかな？」「この時、他の子はどうやって考えていたのだろう？」と、ワクワクしたことや子どもたちと一緒に考えたいことをテーマとして選んでいます。「学級通信」には、子どもの言葉や姿を、できるだけ具体的に載せます。読み終わったあとには、子どもたちに問いかけることもあります。**毎日の「学級通信」を通して、子どもたちが自分や学級を振り返り、問い直すための機会としています。**

筆者の場合は、子どもたちを見ていて「面白いな」と思ったことを書いたものが「学級通信」です。教師が俯瞰したものを文章にしています。子どもたちは、教室で起きていることを読むだけで、「どう思った？」「面白いね！」と、自然と話し始めます。少しやり取りを続けてから振り返りを書くこともできます。「どんなことを考えましたか？」と、全体の場面で問いかけて話し合うこともできます。

「学級通信」を通して、振り返ったり、考えたりすることが、それぞれの子どもの試行錯誤や「より良く」につながり、また教室で面白いことが起きることにつながります。そして、そのことをまた振り返ります。それぞれの子どもが刺激され、私の中にも新たな発想がモコモコと生まれてきます。「学級通信」は、そのきっかけとなっています。

「支配」から脱するために、子どもたちに問いかけよう

（筆者の学級通信「エンジン」）

京都教育大学附属桃山小学校
№21
4年1組　担任
西村　祐太

『より良く』と『良い』

先週の『エンジン』では、「『より良く』の『良い』とは、どういうことか？」について話題にあげました。『ジャーナル』を見ると、そこには、様々な『良い』について書かれていました。いくつか紹介してみます。

チャイムがなって日直さんが前に立ったら、声かけしてシーンとすることです。
自分が思っていることができる、周りの気分、機嫌がいいことです。
みんながすっと切りかえられることと、チャイムがなったらすぐに授業を始められるような雰囲気をつくれることです。
呼びかけることです。クラス全員ではなく一人ずつ伝えていくようにしています。
メリハリや切り替えができて友達関係がうまくできて、いつもが幸せとみんなが思えるような毎日だと思います。
良いとは、よくできているということじゃないかなと思います。よくは、素晴らしいに似ていると思います。
体育の時リレーをして、作戦を考えたりするのが自分にとっての良いかなと思います。
自分があることへの情報を掴み、考えをつくり、他の人の意見を取り入れながらより確実で納得できる考えを作っていく良いにつながることです。なぜなら、自分の大きい意見をどんどん作っていくことで自分がより成長し周りの人とも関われるチャンスになると考えているからです。

紹介した一部を読んでもわかるように、『良い』の捉え方が、様々です。今の状態を判断する『もの差し』として考えている人、これから目指す『目標』として使っている人、『より良く』過ごすために意識している人など、本当に様々です。

４月から『より良く』という言葉を何度も使ってきました。『良い』が様々であるということは、教室で何度も使ってきた『より良く』も様々なのかなと疑問に思いました。どうですか？『より良く』を大事にしようとした時に、まずは様々である『良い』を共有しておくべきかもしれません。それぞれに考える『良い』をお互いに大事にすることは、『より良く』の前に大事な考え方なのかもしれません。

みんなの『良い』に触れて、お互いに『より良く』を目指す前向きな心を認め合い、支え合えたら良いなと考えました。みんなは、どう思いましたか。

今日は「代表委員選挙」を行います。クラスの代表をみんなで決めます。一人ひとりが責任を持ってその人を選びます。学校の『より良く』を目指す代表委員会に参加する人をみんなで選びます。みんなの代表を選ぶ行動が学校の『より良く』につながります。ここでも『より良く』を使いました。みんなで納得して使いたい言葉の一つです。

この「学級通信」を書いた当時、教室では「より良く」という言葉がよく使われていました。筆者が使っていたので、子どもたちも同じように使っていたのだと思います。「より良く」をきちんと学級の言葉として使えるように、「何が良いのか？」「より良くとは、どうなることなのか？」を、子どもたちが立ち止まって考える機会をつくりたいと思って書いた学級通信でした。

T　（学級通信を読み聞かせる）
C　先生、「より良く」って様々でいいのかな？
T　みんなは、どう思う？
C　いろんな場面があるから、ルールみたいに決めることはできないんじゃないかな？
C　じゃあ、『エンジン』にあるみたいに、「何が良いか？」は考えておきたいよね。
C　それは、やっぱりメリハリなんじゃない？
C　どうして、みんなでメリハリをつけることが「良い」なのかな？
C　だって、メリハリがつけられないと、自分たちが困るでしょ？　時間を守らない。

聞く時なのに話している。こうなったら、ちゃんと学べないでしょ？

C　メリハリをつけることは、みんなでいることを大事にするためってことか。

T　では、メリハリをつけられていたら「より良く」なっているってことですか？

C　「より」だから、レベルアップしている感じだよね？

C　あれ？　わかんなくなってきた。「より良く」って何だろう？

この後にも、「やっぱり、今より良くなることだから、今を把握しないとダメなんじゃない？」「メリハリがつけられることを良いってことで、みんなで取り組んでみてもいいかも」と休み時間にも話を続けていました。振り返りに、今日の「良い度は60パーセントでした。なぜなら……」と振り返っている人がいたり、時間が経って「あれから考えたんだけど……」と全体に話したりしていました。

このように、**「学級通信」では、子どもたちの目の前で起きていることを俯瞰して見る**ように促しています。また、問いかけることで、子どもたちは自分たちの教室について自分の頭で考えます。「学級通信」を通して、「子どもと一緒につくる」を実践しています。

16

教師の省察

支配

▲指導法がいつも同じで、教師が試行錯誤しない

▲教師がそれぞれの考え方を突き進み、教師集団として成長がない

放任

▲教師がそれぞれのやり方を尊重しすぎてお互いに関わろうとしない

▲子どもを見守るという建前で、一緒に語り合おうとしない

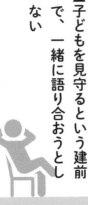

支配でも放任でもない学級担任術

担任として…

・教師も絶えず問い続けよう

・子どもの事実をもとにお互いに問おう

・教師の試行錯誤を共有しよう

チームとして…

・得意なことや苦手なことも正直に伝え合おう

・シングル・ループの省察とダブル・ループの省察を取り入れよう

「子どもを見る」から、「大人が省察する」へ

筆者（西村）は今、4年生の担任をしています。同じ4年生でも、前回の4年生の教室の様子とは全く異なります。毎年違う子どもの事実をしっかりと見ることから始め、その事実の背景や理由を同僚とともに探るようにしています。自分の判断をしっかりと仲間と振り返り、次につなげるようにしています。

つまり、**教師にも省察（振り返り）が必要だ**ということです。省察するたびに、「支配でもなく、放任でもない、ではどうしたらよいのか」を考えています。子どもを信じて子どもに任せるだけが大事ではありません。子どもの事実をもとに「よりよく」を問い続ける省察があれば、そしてそれが、同僚と一緒にできたら最高です。

そもそも省察（振り返り）とは

省察（振り返り）とは、発言したり、文章で表現したりしながら、自分自身の思考過程

を見直したり、進歩の過程を確認したりする行為のことで、次の指導につなげるためのものです。たとえ短時間であっても深くじっくりと考えたり、同時に自分のたどった足跡や自分というものを俯瞰したり、客観的に見たりすることです。

アメリカのジョン・デューイ（John Dewey）は、世界的に多大な影響を与えた教育哲学者として知られています。彼は、「経験（experience）」に着目し、単なる活動は、慣例上経験と呼ぶに過ぎないだけで、経験とは言えないと考えていました。自分がしたことと、その結果自分が被ったこととの間の関連がわかると、試行錯誤段階の経験時に抱いていた思考がはっきりし、経験の質が変化すると考え、そうした種類の経験を『民主主義と教育（Democracy and Education）』（１９１６）において、**省察的経験**（reflective experience）という言葉で表現しました。つまり、**ただ単に活動するだけでは意味をなさず、活動への省察（振り返り）があって初めて、そこに向けた自分の態度や見方が変わる、それこそが経験だ**と考えていたのです。

近年では、『学習する学校（Schools That Learn）』（２０１４）を書いたピーター・M・センゲも、「あらゆる年齢のシステム市民のスキル育成において重要なのは、学ぶことに対して『その場』で振り返りをする能力である」と言っています。人は、省察によって自分を俯瞰することができ、次の段階に進めるのです。

シングル・ループの省察とダブル・ループの省察

省察には、シングル・ループの省察とダブル・ループの省察があります。シングル・ループの省察とは、**そのこと自体がどうであったか**について振り返るものです。例えば、「この指導は、どのような点で、うまくいかなかったのか」といった振り返り方です。指導の枠組みは問わずに、指導の内容と対峙しながら振り返ります。

一方、ダブル・ループの省察とは、**指導の枠組みがどうであったか**を問うことです。例えば、「今日、指導したのだが、そもそもその指導はする必要があったのか」「もっと別の迫り方があったのではないか」のように、指導の枠組みそのものの問い直しのことです。

ダブル・ループの省察は、指導がうまくいった時の方がよいですし、教師集団としての意識を高めたい時に使うと取り組みやすいです。うまくいかなかった時に行うと、省察が「反省させられている」時間になって、場がしんどくなるからです。

日頃の省察では、悪かった原因をさぐる原因志向ではなく、できているところに目を向ける解決志向で行った方がうまくいきます。

「大人達化」に向けて省察し、試行錯誤を共有しよう

子どもの事実をもとに試行錯誤することを面白がり、教師自身も省察し続ける方が、日々の仕事も充実します。「子どもの省察」だけでは、不十分だと感じています。

チーム化が進むと、子どもたちは複数の先生と関わることになります。そうなると、「あの先生はこうするけど、この先生はこうする」という違いが生じ、子どもたち集団にも教師集団にも葛藤が生じます。ですからこれまで以上に、教師同士の省察を大切にしなければうまくいきません。

場面や状況によっては、「揃える」ことが必要なこともあります。しかし、それぞれの先生の持ち味を発揮できて、いろんな先生がいろんな関わりや指導を許容し合える雰囲気ができたら嬉しいです。そういう教師集団の活気に満ちた雰囲気を、敏感に子どもは感じ取るはずです。時にはシングル・ループの省察を、また時にはダブル・ループの省察をしながら、大人も進化できたら、こんな楽しい仕事は他にないと思います。

【引用・参考文献】

・古川光弘（２０２２）『有田和正に学ぶユーモアのある学級づくり』黎明書房
・落合幸子・築地久子（１９９４）『自立した子を育てる年間指導』明治図書出版
・若松俊介（２０２３）『教師のハテナ思考　一人一人の子どもに「最適」な指導・支援を考え抜く』明治図書出版
・ケネス・Ｊ・ガーゲン＋シェルト・Ｒ・ギル（２０２３）『何のためのテスト？　評価で変わる学校と学び』ナカニシヤ出版
・村中直人（２０２４）『「叱れば人は育つ」は幻想』ＰＨＰ新書
・片山紀子編著（２０２４）『ファシリテートのうまい先生が実は必ずやっている「問いかけ」の習慣』明治図書出版
・片山紀子・若松俊介（２０１９）『対話を生み出す授業ファシリテート入門』ジダイ社
・ピーター・Ｍ・センゲ他著／リヒテルズ直子訳（２０１４）『学習する学校』英治出版
・Ｃ.アージリス著／有賀裕子訳（２００７）「シングル・ループ学習では組織は進化しない『ダブル・ループ学習』とは何か」Diamond Harvard Business Review April.
・ジョン・デューイ著／松野安男訳（１９７５）『民主主義と教育』岩波書店
・Dewey, John（１９１６）Democracy and Education (The Middle Works 1899-1924 Volume 9:1916), Southern Illinois University Press.

第6章

これからの学級経営へ

1 これからの学級づくりのヒントは特別支援学校に

なぜ、学級づくりのヒントが特別支援学校なのか？

最終章では、これからの学級経営について考えてみましょう。なぜ、学級経営のヒントが特別支援学校（以下、支援学校）にあるのでしょうか？　支援学校では、子どもの支援に向けて「学年単位のチーム」で取り組んでおり、担任および学級という組織が「支配」から脱するためのヒントが潜んでいるからです。

これからは、学年担任制を含めて、チーム化が一層進むと思われます。チームで取り組むことの利点は、**個々の専門性が学年全体に生かされること**です。例えば、特別支援には、障害種や発達の知識、支援アイディアやセンス等が求められますが、全ての先生がそれらを十分に兼ね備えているわけではありません。特別支援の経験にも差があるのが実情です。

学年がチームとなれば、学年の意見交流が促進し、支援の悩みも相談しやすくなります。個々の得意がチームに貢献し、苦手分野を補うことができるのです。

それらを可能にしているのが**学校組織の工夫**です。支援学校には、小・中・高等部と校種の異なる教職員に加え、各専門家（理学療法士、作業療法士、言語聴覚士、スクールカウンセラー／ソーシャルワーカー、看護師等）との連携も活発に行われます。規模が大きいため、連携に向けた学校・学部・学年ごとの運営システムを整えています。

学年のチーム化が、支援の手を増やす

筆者（水野）が勤務していた支援学校では、先生が自分の担任以外の子どもに対しても当たり前のように支援する様子が見られます。朝の会を2、3学級一緒に行う、学級、学年の幅を超えたグルーピングで学習する、といった様子です。それは少人数指導のため一つの教室に2から3学級が配置されていることや、支援学校のカリキュラムが子どもの実態に応じて目標設定を行い、目標に応じて授業内容を決めていることが影響しています。

さらにその背景にあるのは、特別支援には教員の手が必要であることです。特別支援の

基本は個別支援ですから、教師が一対一で行います。少人数とはいえ、支援学校でも必要な支援に対して教師の人数も限られています。そこで、チームで連携することで支援の手を確保する必要があるのです。

連携のために、支援学校の先生は、学年のどの子の支援にも入れるように準備しています。例えば、ある先生が一対一の支援に入った際は、すかさず他の先生が残りの子どもの指導に入ります。また、教室移動や休憩時間の集団遊びといったちょっとした時にも「〇〇さんも一緒に行きますか？」と確認し、一緒に活動できる子をまとめながら、お互いの支援の余裕ができるように工夫しています。なお、支援の基本は、**子どもができることは自分で行い、必要最低限の支援に留めること**です。支援しすぎてもいけないのです。

チーム化の要は、事前の情報共有にある

複数の先生がチームとして連携するためには、情報共有が不可欠です。その一つが、先生同士の**「ほうれんそう」**です。特に支援学校の学年チームでは、**「事前」「当日」「事後」**の三つの場面で子どもの支援体制の調整が活発に行われています。

その中でも「事前」の相談は重要です。学年チームでは、学年主任が中心となって、学年の子どもの必要な支援を整理し、どの場面でどの先生が支援にあたるのか、チームで相談して体制を決めます。事前の準備が不十分だと、当日になって子どもの予期せぬ行動に対応できない、予定通りに活動したいがために、子どもを待てないことにつながります。事前の調整不足は、子ども、先生の両者にとってストレスとなります。

もし事前の段階で支援者の手が足りなければ、学部長を通じて、支援者の増員を要請します。もちろん、人手が足りないことも十分あり得ます。その時は活動の時間を遅らせる、活動内容を変更するといったことも考えなければなりません。

事前の情報共有で大切なのは、**相談を通して学年の先生が学年の方針を確認すること**です。お互いの学級の状況を知ることが、あとの連携に生きるのです。

情報共有がチーム化を促し、チーム化が学年の絆を強める

「当日」は、不測の事態に臨機応変に対応します。支援学校で特徴的なのが、**職朝での学年の時間**です。学年主任が子どもや先生の名前磁石をホワイトボード上で動かしながら、

子どもや先生の欠席に応じた体制変更を調整します。その様子は、チームスポーツでフォーメーションの確認をする姿と似ています。学年の先生は、事前に他の学級に必要な支援を把握しているため、職朝での調整は受け身でなく、主体的な提案や配慮が見られます。

登校後も不測の事態は生じます。教材が教室にない、子どもが落ち着かないなど、先生一人では対処しきれないこともあります。そのため、問題が起きた際の相談はもちろん、手が空いた時や教室を離れる際など、**順調な時の報告・連絡**も欠かせません。不測の事態に気づき、互いにサポートするためです。

放課後は、1日を振り返りながら「事後」の相談を行います。時間をとって学年の体制を調整することもありますが、ほとんどは教室の片づけをしながら、その日のエピソードが自然と話題に挙がります。「実はあの時、こんなことが起きていたんですよ」とか「あの教材、○○さんにはまっていましたよ」など、その時には伝えられなかったけれど、ぜひ共有したいエピソードが話されます。一息つきながら1日を振り返る時間でもあります。

支援学校の先生は**「競い合う」でなく「助け合う」関係**です。日々、先生同士のやり取りで溢れているため、悩みを相談する機会が生まれ、絆も強いです。反対に、**優れた先生であっても、連携ができなければ成果は出ません**。まさに学年というチームなのです。

チームで情報共有の仕組みをつくる

情報共有には先生個人の意識も重要ですが、個人の意識には限界があります。そのため、学校・学年の組織単位で情報供給の機会を保障し、効果的な仕組みづくりが必要です。例えば支援学校では、他学年の先生と授業準備を行う時間が行事予定に設定されています。他学年の子どもの目標を知り、支援や授業を検討する時間が業務に保障されています。

また、重要な情報の共有は、書面を基本としています。正確な情報を共有する際に有効だからです。例えば「個別の指導計画」は、毎年更新されながら小・中・高の12年もの間、情報が引き継がれます。学校で起きた事故や危険を記した「インシデント」「ヒヤリハット」の報告は、学年・学部・管理職が供覧《きょうらん》し、全員が出来事の経過を把握します。

資料作成は手間ですが、支援学校のように教職員の人数が多い学校では、口頭で伝えるよりも書面で残す方が確実で効率的です。支援学校では「1年間かけてやっとその子に合った効果的な支援が見つかった！」ということもありますから、それが次に引き継がれなければ、また同じ1年間を次の先生が過ごすことになります。**情報はまさに宝**なのです。

2

これからは学年主任が鍵

今日の学校現場では、学級担任の不在、若手教員の増加など、教員不足の課題を抱えています。小学校で教科担任制が進められているように、これらの課題に対しては、学年の複数の先生で取り組む必要があります。令和の学級経営でチームの視点は不可欠です。学年がチームとなる鍵を握るのは学年主任です。学年の課題に目を向け、どのようなプロセスで取り組むか、学年主任のコーディネートなしに学年のチーム化は成し得ません。

チームで取り組むために、学年の先生の合意形成を図る

チームにはメンバーの意思決定が伴います。先生の意見から学年の方針を一つに絞る必要があるのです。これまでは「学級ごとに足並みを揃える」程度でしたが、学年チームでは、どの先生が学級に入っても指導できるよう、指導方法を揃える必要があります。

例えば、朝の会、給食、掃除の手順や授業中のルールなど、4月の学級開きで学級ごとに決めた内容も、学年で足並みを揃えなければなりません。さらにチーム担任制であれば、教科、行事、雑務といった学年の役割分担についても検討する必要があります。

チームとして足並みを揃えるためには、対話を通して学年の先生がお互いの考えを理解し、チームとしての方法を決めることです。つまり、**チームとしての合意形成**が求められるのです。これまで独自のやり方でやってきた先生同士が、お互いの指導方法や考えを踏まえて、学年としての塩梅《あんばい》の方法を探るわけですから、一筋縄ではいきません。

学年主任に求められるファシリテーションの技

学年の合意形成に重要な役割を担っているのが、**学年主任のファシリテーション**です。ファシリテーションとは「グループによる活動が円滑に行われるように支援することで、特に、組織が目標を達成するために、問題解決・合意形成・学習などを支援し促進すること」（『大辞林』2019）です。例えば、学年の話し合いで、**先生ごとの考えを引き出す、話し合いの論点を整理する、場の雰囲気をつくる**といった役割が学年主任に求められます。

学年主任にファシリテーションが求められる理由は、どんな取り組みを行うのかといった結論だけでなく、**それぞれの先生がどのように考え、学年としてどのような理由でその取り組みを採用するのかという一連の経緯を、対話を通して理解する**ためです。学年の先生がチームの方針を理解することは、チームとしての柔軟性を高めます。チームで話し合っていない事柄にも、それぞれの先生がチームの方針に応じた対応をすることができます。

例えば、宿題を忘れた際の指導も学年の方針によって異なります。宿題が「家庭学習の習慣」を意図しているのであれば、家で行うことが重要ですが、「自分で計画して学習すること」を意図しているのであれば、学校の休み時間にやることも可能です。チーム化に伴い、これまで曖昧だった学校の習慣や取り組みを改めて見直す必要があるでしょう。

それぞれの先生の自己決定を、学年チームの方針に誘う

学年主任のファシリテーションにおいては、学年の先生の自己決定（エドワード・デシ&リチャード・ライアン2000）が伴っているかに気をつける必要があります。特に、自己決定の三つの要素を学年の先生が実感できるように配慮すべきです。三つの要素とは、①

自律性（誰からも強制されたものではなく、自らを律しながら主体的に行動していること）、**②有能性**（自分に能力が十分にあって、誰よりも優れていると感じられる状態）、**③関連性**（周囲の人から自分に関心を持たれていると実感できる状態）です。

そのように考えると、学年主任が事前に決めた方法をトップダウンで指示するより、学年の先生の意見を整理し、合意形成を図ることが重要です。つまり、**先生が安心して自己開示できる雰囲気をつくり、それぞれの意見を尊重しながら話し合いを進める**のです。

この姿は、「安心・安全」な学級経営の視点と似ています。学年主任によるファシリテーションを通して、学年の先生が自己決定できることは、学年チームとしてのモチベーションを高め、働きやすい職場（ウェルビーイング）にもつながります。

学年チームの特別支援は、支援担当を決めることから

学年チームで個別支援をどのように行うのかは大きな課題の一つです。これまでは単独担任の先生が自分の学級の支援を担当していましたが、チーム担任制のように、複数の先生で学級経営を行う際は、支援が十分に行き届いているか注意しなければなりません。

そのため、学年で個別支援の方法や仕組みを明確にする必要があります。例えば、支援計画は誰が考え、どのように共有するのか。授業中の支援を誰が担当し、支援で明らかとなった支援情報・配慮事項をどのように共有するのか、です。支援のためには、その子と深く関わりながら、何に困っていて、どのような支援が必要なのか、といった**アセスメント**が重要です。そのため、学年の先生で担当する子どもを分担することが効果的です。

チーム担任制は、教員の人手や空き時間の確保の意味合いが強いですが、一方で、個別支援にとってはメリットでもあります。学年のどの先生でも、支援の必要な子どもと関わることができ、T2として授業に入ることができるからです。集団指導で個別支援をどう行うのか、チーム担任制が一つの答えとなるかもしれません。

学年の特色に応じてフォロワーシップとリーダーシップを使い分ける

学年の対話が大切と言いながらも、現実的に時間は限られています。学年主任が選択肢を用意する、ある程度決めておく、学年の対話に時間をかける、といった判断が重要です。

特に年度初めの学年開きの段階では、学年主任が学年の方針を決めるためにリーダーシップを発揮することが多くあります。年間を見通して、いつ、誰が、どのように物事を決めていくのかを明確にして、学年の基盤づくりを行います。

学年主任のリーダーシップは、生徒指導や特別支援、保護者対応といった個別ケースの対応においても重要です。学年主任は窓口として、物事の経緯を把握し、解決までの計画を十分に立てておく必要があります。そうすることで、他学年や管理職との連携がスムーズになりますし、学年の先生のフォローをする準備にもなるからです。

学年の関係が構築されるにつれ、リーダーシップを学年の先生に委ね、学年主任はフォロワーシップに回ることが理想です。先生ごとに役割を割り振ることで、それぞれの先生の専門性を生かし、学年運営に主体的に参加してもらうことが期待できます。

この時、学年主任は、担任の先生の状況を把握しながら、助けが必要な時や取り組みの軌道修正が必要な時にすぐに働きかけられるよう準備しておきます。学年に情報交換の習慣を定着させるよう、「全体におろす前に、主任に報告する」など、学年の決め事を明確にしておきます。学年の先生に任せきりにするのではなく、定期的に声をかけるなど、協働とする姿勢が伝わるように働きかけます。

学年主任が対応するのが効率的に感じられますが、そうなると、若手の力が育ちませんし、学年主任の負担がどんどん増えることにもなります。学年の先生が対応する機会や環境を整えながら、フォローの準備をしておきます。**リーダーシップとフォロワーシップの使い分けは、学年チームを大きく左右する学年主任の「技」**とも言えるでしょう。

学年の先生の多様性を認め、関係づくりに努める

学年チームにおいて学年主任が鍵であるもう一つの理由は、**関係づくりの役割**を担っているからです。学年がチームとして連携するためには、これまで以上に先生たちが深く関わる必要があります。そのため、まずは学年主任がそれぞれの先生と良好な関係を築き、徐々に先生同士の関係が深まるのを待ちます。関係性が安心して自己開示できる環境をつくります。学年主任の指摘が学年の先生に素直に受け入れられるかも関係性次第です。

学年主任として留意しておきたいことは、**学年の先生の多様性を認める**ことです。例えば、それぞれの先生によって仕事に対する姿勢は大きく異なります。仕事に多くの時間を割きたい人もいますし、自分のプライベートの時間を十分にとりたい人もいます。帰る時間が遅くなってでも自分のペースでゆっくり働きたい先生がいる一方で、育児や介護との

両立のために、効率的な働き方が求められている先生もいます。仕事に対する価値観は刻々と変わっていきますから、学年主任には価値観への柔軟性が求められます。

特に、学年主任の働き方が学年に及ぼす影響は大きいです。近年では、教員のワークライフバランスが課題ですから、学年の先生が無理をしすぎないよう、学年の雰囲気に気を配る必要があります。時には、主任自らが早く退勤するといった姿も必要です。

学年経営の中で、孤立してしまう先生がいた際は、学年主任がその先生のフォローに回る必要があります。例えば、その先生の気持ちや状況を代弁することで、学年の先生の理解を求めながら、学年チームに全ての先生の居場所が確保されるように働きかけます。

最近では、学年主任が担任を持たずに学年運営に専念するケースも見られます。学級担任の仕事は、校外学習の調整や書類作成など多岐にわたるため、学年主任がそのような業務の一部を担うことは、業務負担軽減にもなります。

一方で、人手不足から2学年の主任を一人が担当するケースも耳にします。学年主任も教員ですから、給与等の待遇もさほど変わりません。学年チームの鍵を握る学年主任の重要性がより公に認められ、学校運営の柱となることを期待しています。

3

教師の立ち位置

関係性に頼った安易な指導は通用しない

学級経営のチーム化に伴い、子どもと先生の関係は徐々に変化します。特に、担任の先生と子どもの関係が希薄化します。複数担任制が導入されると一人の先生が一つの学級で過ごす時間は減少するため、子どもとの関係を築くには、これまで以上に時間がかかるのです。

注意すべきは、**子どもへの指導が伝わりにくくなること**です。指導や注意といったネガティブフィードバック（繁枡2010）は、子どもと先生の関係性に大きく左右されます。十分な関係が築けていないと、指導が伝わらない可能性があります。例えば、これまでは指導後の学級で子どもにフォローすることで「先生は私が嫌いなわけではなく、危ないから注意したんだ」と、行為に対する指導だと実感できました。しかし、その機会や関係性が弱まるため、担任の先生はこれまで以上に、発言や伝え方に工夫が必要です。

教師の専門性を持った「技」が求められる

これらのことから、学級担任には、これまで以上に教師としての「技」が求められます。**これまで子どもとの関係性や時間に頼っていた部分を、指導の技で補う**のです。専門性とは様々なものがあります。子どもとの対話ではコーチング・カウンセリングマインド、ファシリテーションの技術が、授業においては各教科の専門性が必要です。生徒指導や特別支援では、さらにケースによって求められる専門性は多様です。

重要なのは、教師としての最低限のスキルを身につけた上で、各先生が個性に応じた専門性を身につけることです。これまでは、どの教科もまんべんなく指導できるオールマイティーな教師が求められていました。しかし、学年のチーム化に伴い、教科や業務が分担されます。令和の時代では、それぞれの先生が自身の役割に応じた専門性を発揮することが求められています。それがチームとなることで、組織の質を向上させるのです。

これからの学級経営において、多様な子どもの資質や個性を最大限に伸ばすためには、**まずは担任の先生が、自身の個性や才能を、教師の専門性という「技」とすること**が求められています。

【引用・参考文献】

・松村明・三省堂編修所編（2019）『大辞林　第四版』三省堂
・片山紀子・水野雄希（2017）「教員の自己開示は仕事を充実させるか　教員経験年数の違いに着目して」『京都教育大学紀要』131号
・片山紀子編著／森口光輔著（2016）『できてるつもりのアクティブラーニング』学事出版
・片山紀子編著／森口光輔著（2017）『やってるつもりのチーム学校―協働が苦手な先生たちも動き出す校内連携のヒント』学事出版
・繁桝江里（2010）『ダメ出しコミュニケーションの社会心理　対人関係におけるネガティブ・フィードバックの効果』誠信書房
・スティーブンP．ロビンス著／髙木晴夫訳（2009）『【新版】組織行動のマネジメント』ダイヤモンド社
・中央教育審議会（2024）「『令和の日本型学校教育』を担う質の高い教師の確保のための環境整備に関する総合的な方策について（審議のまとめ）」2024年5月13日、29-57頁
・Ryan, R. M., & Deci, E. L. (2000). Self-determination theory and the facilitation of intrinsic motivation, social development, and well-being. American Psychologist, 55, 68-78
・佐野陽平（2024）『学年主任の人間関係術　全員が輝く学年団のつくり方』明治図書出版

編著者

片山 紀子（かたやま のりこ）

まえがき／第1章／第4章／第5章 16（西村と共著）

奈良女子大学大学院人間文化研究科比較文化学専攻博士後期課程修了　博士（文学）。現在、京都教育大学大学院連合教職実践研究科教授。アメリカ教育学会理事。日本生徒指導学会理事。著書に『五訂版入門　生徒指導―「生徒指導提要（改訂版）」を踏まえて』（学事出版・単著）、『アメリカ合衆国における学校体罰の研究―懲戒制度と規律に関する歴史的・実証的検証―』（風間書房・単著）、『ファシリテートのうまい先生が実は必ずやっている「問いかけ」の習慣』（明治図書・編著）などがある。

著者

水野 雄希（みずの ゆうき）

第2章／第6章

京都教育大学大学院連合教職実践研究科修了　教職修士（専門職）。文部科学省課題解決型事業高度専門支援人材養成プログラム「発達症への介入による国民的健康問題の解決」修了。京都市立小学校・京都市立特別支援学校に勤務。日本ＬＤ学会所属。論文に『教員の自己開示は、仕事を充実させるか―教員経験年数の違いに着目して―』（京都教育大学紀要）等がある。

若松 俊介（わかまつ しゅんすけ）

第3章

京都教育大学大学院連合教職実践研究科修了　教職修士（専門職）。現在、京都教育大学附属桃山小学

校主幹教諭。国語教師竹の会、運営委員。授業力&学級づくり研究会会員。「子どもが生きる」をテーマに研究・実践を積み重ねている。著書に『教師のいらない授業のつくり方』（明治図書・単著）、『教師のいらない学級のつくり方』（明治図書・単著）、『教師のための「支え方」の技術』（明治図書・単著）等がある。お問い合わせ：shu60515@gmail.com

坂本　亜姫奈（さかもと　あきな）　第5章　1〜8

札幌市立小学校勤務。国語教師竹の会・北海道社会科教育連盟会員。ベネッセミライシードDXエデュケーター。「子ども一人ひとりが生きる」をテーマに研究・実践を積み重ねている。著書に『イラストで見る全行事・全活動の学級経営のすべて』（東洋館出版社・共著）、『ファシリテートのうまい先生が実は必ずやっている「問いかけ」の習慣』（明治図書・共著）等がある。

西村　祐太（にしむら　ゆうた）　第5章　9〜15・16（片山と共著）

京都市立特別支援学校・小学校での経験を経て、現在は京都教育大学附属桃山小学校に勤務。全国算数授業研究会幹事。京都算数実践交流会「きょうラボ！」代表。著書に、『GIGAスクール構想で変える！1人1台端末時代の学級づくり』（明治図書・共著）、『クラスみんなが成長する！対応上手な先生の3つの言葉かけ』（学陽書房・共著）がある。

【編著者紹介】

片山　紀子（かたやま　のりこ）

奈良女子大学大学院人間文化研究科比較文化学専攻博士後期課程修了　博士（文学）。現在，京都教育大学大学院連合教職実践研究科教授。アメリカ教育学会理事。日本生徒指導学会理事。著書に『五訂版　入門　生徒指導―「生徒指導提要（改訂版）」を踏まえて』（学事出版・単著），『アメリカ合衆国における学校体罰の研究―懲戒制度と規律に関する歴史的・実証的検証―』（風間書房・単著），『ファシリテートのうまい先生が実は必ずやっている「問いかけ」の習慣』（明治図書・編著）などがある。

「支配」でも「放任」でもない学級担任術

2025年３月初版第１刷刊　©編著者　片　山　紀　子

発行者　藤　原　光　政

発行所　明治図書出版株式会社

http://www.meijitosho.co.jp

（企画）大江文武（校正）樋口祐次

〒114-0023　東京都北区滝野川7-46-1

振替00160-5-151318　電話03(5907)6701

ご注文窓口　電話03(5907)6668

＊検印省略　組版所　中　央　美　版

Printed in Japan　ISBN978-4-18-243034-3